Else Schönthal   Rosen für Ruth

Blaukreuz-Verlag Bern
Blaukreuz-Verlag Wuppertal

ELSE SCHÖNTHAL

ROSEN FÜR RUTH

MEIN WEG DURCH DIE TRAUER

CIP-Titelaufnahme der Deutschen Bibliothek

Schönthal, Else:
Rosen für Ruth: mein Weg durch die Trauer / Else Schönthal. –
Wuppertal: Blaukreuz-Verlag; Bern: Blaukreuz-Verlag, 1989

ISBN 3 89175 047 1 (Blaukreuz-Verlag, Wuppertal) Gb.
ISBN 3 85580 2513 (Blaukreuz-Verlag, Bern) Gb.

© by Blaukreuz-Verlag Bern 1989
Umschlaggestaltung: Simon Walther
Satz und Druck: Jordi AG Belp
Bindearbeiten: Schumacher AG Schmitten FR

ISBN 3 85580 2513 Blaukreuz-Verlag Bern
ISBN 3 89175 047 1 Blaukreuz-Verlag Wuppertal

Gewidmet meinem Mann,
dem Gefährten in Freude und Leid.

Laßt euer Leid zur Welle werden,
die euch an das Ufer der ewigen Heimat trägt.

                                        FRIEDRICH VON BODELSCHWINGH

Zu diesem Bericht

Der Tod eines geliebten Kindes stürzt Eltern in tiefes Leid.

Täglich werden Eltern in solches Leid geworfen. Immer ist der Tod eines geliebten Angehörigen, eines Elternteils, des Lebensgefährten oder sonst eines dem Herzen nahestehenden Menschen ein Einbruch in unser Leben, ganz gleich, ob wir uns bei vorangegangener Krankheit darauf vorbereiten konnten, oder von jähem Tod überfallen wurden.

Er wirft uns aus dem Licht des Tages in die Nacht der Trauer. Er läßt heiße Fragen aufbrechen, die keine Antwort finden.

Nur diese eine, alles umfassende: Jesus Christus hat den Tod überwunden. Seine Auferstehung ist die einzige Hoffnung, die standhält angesichts des Todes.

Trauer um einen geliebten Menschen ist wie ein Gang durch ein dunkles Tal. Wenn Betroffene einander von den Erfahrungen auf ihrem Weg durch die Trauer berichten, so ist es, als gäben sie sich im Dunkeln die Hand. So fühlt sich keiner allein gelassen. Wenn wir einander begleiten, begleitet uns Gott.

Um andern Leidtragenden die Hand zu reichen, deswegen schrieb ich diesen Bericht.

Sprache ist ein wunderbares Instrument. Daß wir uns untereinander verständigen, uns einander mitteilen können, ist ein Geschenk des Schöpfers.

Doch wer Gedanken des Herzens, die Gefühlswelt seines Innern in Worte zu fassen versucht, stößt an die Grenzen der Sprache. Eigentlich sind sie unaussprechbar. Wer sie trotzdem in Alltagsworte übersetzt, muß in Kauf nehmen, daß sie dabei ihre Zartheit verlieren.

Dann aber erweist es sich, daß Sprache mehr ist als bloße Mitteilung nach außen. Sie kann für den, der sie braucht, zum Instrument der Befreiung und Heilung werden.

«Leiden verliert durch die Sprache seine Schattenhaftigkeit. Es wird faßbar und damit überwindbar.»

Der glückliche Unglückstag

«Behüt dich Gott, mein Liebes!» sagte ich an diesem Morgen besonders herzlich und bewußt zu unserer jüngsten Tochter, die ich beim Abschied unter der Haustüre in die Arme schloß. Wir, mein Mann und ich, wollten an diesem Tag für eine Woche wegfahren. Wir ließen die 17jährige Ruth mit ihrem um sechs Jahre älteren Bruder und dem ihr gleichaltrigen Cousin daheim zurück.

Alles Nötige war besprochen. Für Verpflegung war vorgesorgt, Haus und Garten waren in Ordnung, so daß keine größeren Arbeiten anfielen.

Ruth war wenige Wochen vorher nach einem Probejahr an der Kunstgewerbeschule in eine Höhere Schule eingetreten. Markus, ihr Bruder, studierte an der Uni, und Cousin Peter steckte im letzten Lehrjahr seines Berufes.

Ruth küßte mich abschiednehmend und machte sich auf den Weg, voll dem Tag und der Zukunft zugewandt. Ich blieb unter der Haustüre stehen und sah ihr nach, den Klang ihrer Stimme noch im Ohr: «Ade Mutti. Reist gut, und ruft heute abend an, wenn ihr angekommen seid!»

Meist winkte sie mir einen letzten Gruß zu, bevor sie an der Biegung des Wegs bei der Waldecke verschwand. An diesem Morgen kam ihr, bevor sie dort angelangt war, in den Sinn, daß sie ein Heft vergessen hatte. Sie kehrte im Laufschritt zurück und holte das

Vergessene in ihrem Zimmer. Im Vorbeigehen warf sie mir noch einmal die Arme um den Hals und drückte mich an sich. Dann rannte sie davon.

Bevor sie an der Wegbiegung verschwand, hob sie die Hand, für den Fall, daß ich ihr nachsah. Zum Zurückblicken nahm sie sich nicht mehr die Zeit.

Es war der 1. Juni, ein leuchtender Sonnentag.

In den Dörfern, durch die wir fuhren, wurde Fronleichnam gefeiert. Das gab ihnen ein frohes, festliches Gepräge. Da und dort läuteten die Kirchenglocken.

Wir beide, mein Mann und ich, freuten uns auf ein paar entspannte Tage in der Sonnenstube unseres Landes. Zuerst erwartete uns zwar noch eine berufliche Pflicht, und wir wollten auch liebe Freunde besuchen.

Eile hatten wir heute keine. Wir durften uns Zeit nehmen, die wechselnden Bilder der Landschaft in uns aufzunehmen. Eben war der Frühling auf den Alpweiden eingekehrt. Sie leuchteten in frischem Grün. Zwischen den Hängen und den Gipfeln mit ewigem Schnee türmten sich Felsen, gesäumt von dunklen Tannenwäldern und lichtem Lärchengehölz.

Weiter südwärts veränderte sich der Charakter der Landschaft. Die Schneeberge blieben hinter uns, die Felsen verloren ihre Schroffheit. Das Tal öffnete sich in eine weite, grüne Ebene. Wir strebten dem See zu. Über seinem jenseitigen Ufer türmten sich blendend weiße Wolkenberge hoch hinauf in reines Blau. Weder vorher noch nachher in meinem Leben habe ich Sommerwolken von solcher Reinheit und Schönheit stehen sehen.

Im steilen Gelände über dem See erwartete uns eine kleine Ferienwohnung. Sie bot volle Sicht auf die südliche Pracht der Landschaft.

Die Freundin, die sie uns zur Verfügung stellte, hatte uns den Schlüssel dazu auf ihrer Terrasse bereitgelegt. Daneben fanden wir einen Willkommensgruß und die Nachricht, sie sei für den Rest des Tages abwesend. Das war Pech. Bei ihr hatten wir den Telefonapparat benützen und unsere gute Ankunft daheim melden wollen. Im nächstgelegenen Haus wohnte die Schwester unserer Vermieterin. Wir hatten sie bei anderer Gelegenheit flüchtig kennengelernt als eine zurückhaltende, eher abweisende Dame.

«Dann müssen wir zum Telefonieren halt ins Dorf hinauf», sagte mein Mann.

Weiter oben am Berg klebte das Tessinerdorf mit seiner schönen, freistehenden Kirche am Hang. Rund zweihundert Treppenstufen führten von unserer Wohnung zu ihr hinauf.

Rasch packten wir unser Gepäck aus und richteten uns in der Wohnung ein. In einer Tasche, die wir vom Auto ins Haus trugen, fanden wir den Sack mit dem mitgenommenen Picknick. Es war eigentlich für mittags bestimmt gewesen. Erst jetzt wurde uns bewußt, daß wir für einige Stunden den Magen einfach vergessen hatten. Nun meldete er sich mit Nachdruck und wollte nicht noch eine weitere Stunde warten.

Wir setzten uns auf das sonnenwarme Mäuerchen im Garten vor unserer Tür. Voll Dankbarkeit für die gute

Reise, den schönen Aufenthaltsort und die Aussicht auf ein paar Ferientage, verzehrten wir unser Brot und die Früchte.

Dann machten wir uns auf den Weg zum Dorf. In gemächlichem Vierviertelschlag verkündete die Uhr am Turm der Kirche soeben die runde Stunde. Es war sieben Uhr abends. Unser Telefonanruf würde um eine runde Stunde später kommen als angenommen. Hoffentlich machten sie sich daheim nicht schon Gedanken.

Die erste Telefonkabine, die sich nach einigem Suchen in dem Dörflein finden ließ, war außer Betrieb. Jemand mußte sie beschädigt haben. Das kleine Postbüro war längst geschlossen, und rundherum war kein anderes öffentliches Telefon zu finden.

Endlich, es schlug schon halb acht, entdeckten wir im Schatten der Kirche eine intakte Kabine.

Daheim meldete sich Peter. «Ruth hat gewartet bis um halb sieben», sagte er in seiner ruhigen Art. «Dann ist sie mit Ami und Urs zum Hundespaziergang weggefahren. Bei uns ist alles in Ordnung...» Ich berichtete kurz von unserer Reise und bat ihn, Ruth und Markus unsere Grüße auszurichten.

«... bei uns ist alles in Ordnung.» So hatte ich es hören wollen. Es ist der Normalfall, den man sich wünscht, den man als mehr oder weniger selbstverständlich hinnimmt – und der es doch so gar nicht ist.

Ohne den Schatten einer bösen Ahnung genossen wir den warmen Sommerabend und überließen uns später unbeschwert dem Schlaf.

Wie jeden Abend hatten wir gedankt für alle Wohltat und Bewahrung und unsere Anliegen und Bitten vor Gott gebracht. Beim Einschlafen dachte ich, wie es wohl alle Mütter auf der Welt tun, an jedes unserer vier Kinder.

Esther, die Älteste, stand bereits auf eigenen Füßen und lebte in einer verläßlichen Zweierbeziehung. Elisabeth war verheiratet und gab keinen Grund zur Sorge. Markus hatte schwierige Jahre hinter sich, aber alles deutete darauf hin, daß er jetzt seinen Weg finden würde. Ruth, die Jüngste, war gerade daran, endgültig aus den Kinderschuhen herauszuwachsen. Sie war sechs Jahre nach Markus auf die Welt gekommen und, wie alle Nesthäkchen, geliebt von Eltern und Geschwistern aufgewachsen. Einzig in Markus' Innerem stritten jahrelang fast unauflösbar Liebe und Eifersucht miteinander. Das belastete die Atmosphäre im Haus oft fühlbar für alle und kostete manche Träne. Daß ihr Bruder sie nicht so lieben und annehmen konnte wie sie ihn, warf einen leisen Schatten auf Ruths Leben. Sie reagierte darauf wie eine Pflanze, deren Lebensbedingungen nicht optimal sind und die sich entschließen muß, entweder zu verkümmern oder Gegenkräfte zu entwickeln und um so stärkere Wurzeln zu treiben. In dem Kind waren früh solche Kräfte erwacht. Die brüderlichen Vorbehalte seinem Dasein gegenüber ließen die Pflanze nicht unbekümmert ins Kraut schießen, sondern führten zu bedächtigerem, aber um so kräftigerem innerem Wachstum.

Ruthli war ein fröhliches, nachdenkliches, mit einem reichen Gemüt begabtes Kind. Was für eine Einfühlungsgabe war ihr eigen! Allem Lebendigen war sie zugeneigt, vom Gräslein über den Wurm bis zu allen Menschen um sie herum. Nichts und niemand wurde ausgeschlossen.

Ihr Vertrauen zur Umwelt war so groß, daß wir Eltern darin oft fast eine Gefahr sahen. So streichelte sie alle Hunde, ob groß oder klein, die ihr begegneten und die sich streicheln ließen. Einmal wurde sie von einem gebissen und mußte zum Arzt, aber sonst bewährte sich ihre liebevolle Ausstrahlung überall. Einmal, an einem Strand in Italien, liefen ihr die herrenlosen Hunde in Rudeln nach. Jedem wollte sie – und wenn es auch nur für Augenblicke möglich war – das Gefühl geben, ein geliebtes Geschöpf zu sein.

Jahrelang verging kaum ein Tag, da das Kind auf dem Schulweg nicht Würmer, Schnecken oder andere Kriechtiere vor dem Überfahrenwerden in Sicherheit bringen mußte oder sich nicht sonstwie für ein Lebewesen eingesetzt hätte. Bei einem Ferienaufenthalt in Norditalien lief Ruth vom ersten Abend unseres vierzehntägigen Aufenthalts an ein schöner junger Schäferhund nach. Er schlief vor unserer Haustüre, er begleitete uns auf Spaziergängen und Wanderungen, ja er rannte dem Auto nach, wenn wir einmal fortfuhren. Er saß stundenlang geduldig am Ufer, wenn wir eine Schiffahrt unternahmen. Wir hatten uns in der Umgebung und im nächsten Dorf nach seinem Besitzer erkundigt. Niemand wollte wissen, wem der Hund gehörte. Als in der zweiten Ferienwoche Ruths Onkel ins benachbarte Ferienhaus einzog, begrüßte er den Hund mit den Worten: «Ach, das ist also dein italienischer Amico...»

Das gab dem Tier seinen Namen, und so wurde fortan jeder Vierbeiner Amigo oder Ami genannt, mit dem sich Ruth anfreundete. Als die Ferien ihrem Ende entgegenrückten, ließ sich die Frage nicht mehr wegschieben, was wohl mit Ruths Amigo geschehen sollte. Für Ruth war es klar: Mit heimnehmen! Das war ihr heißer Wunsch. Wir hatten das vorausgesehen und uns erkundigt: Hunde ohne Impfzeugnis und was weiß ich für Papiere hatten an der Grenze keine Einreisechance. Wie froh waren wir, daß nicht wir, sondern die Vorschriften es so bestimmten. Wir hatten zwar alle das schöne und anhängliche Tier auch liebgewonnen. Aber schon die lange Heimreise im ohnehin überfüllten Auto war unvorstellbar. Wir bemühten uns darum, dem Tier wenigstens einen guten Platz zu verschaffen. Mit etwas Glück gelang es uns auch. So fuhren wir schließlich ohne Ami heim, aber mit einem Kind, das noch lange an seinem ersten, herben Abschiedsschmerz litt. Es hörte nie auf, dem Hund nachzutrauern. Immer wieder, wenn es zum Geburtstag oder Weihnachtsfest einen Wunsch äußern durfte, war es stets nur der eine: Ich möchte einen Hund, wie Ami einer war. Ihrem Drängen hätte ich schon lange nachgegeben, doch der Vater setzte ihm Widerstand entgegen. Es kam mehr als einmal vor, daß er beim Schlafengehen ein tränenverschmiertes Zettelchen auf dem Kopfkissen fand, auf dem sie ihre Bitte vorbrachte.

Mein Mann erinnerte sich jedoch noch allzu gut der Schwierigkeiten mit einem Hund, den wir, Jahre vorher, von einer befreundeten Familie übernommen hatten. Wie schnell war die Begeisterung der drei «Großen» verflogen angesichts der Aufgaben, die der Hund an sie stellte. Er war jung und noch nicht sauber. Er brauchte viel Aufmerksamkeit und tägliche Spaziergänge, die gelegentlich Opfer forderten. Wenn drei Kinder es nicht fertig gebracht hatten, sich in die anfallenden Pflichten zu teilen, wie sollte ein einziges geradestehen können für die Haltung eines Hundes? Es hatte uns damals geschmerzt, als wir den jungen Pudel zurückgeben mußten, und dem Tier hatte der abgebrochene Versuch auch nicht gut getan, wie wir vom späteren Besitzer hörten.

An Ruths 15. Geburtstag fand der Vater, jetzt sei die Tochter groß genug, um die Verantwortung für einen Hund zu übernehmen. Bei diesem Anlaß bekam sie ihren Ami. Sie durfte ihn in einem Hundezwinger auswählen. Ihre Wahl war bezeichnend für sie. «Es gab so viele, und alle waren reizend. Welchen sollte ich wählen? Da sah ich in der Ecke ein zusammengekauertes Hündlein, das sich furchtsam von den andern fernhielt. Es erbarmte mich. Dieses habe ich genommen!»

Der Hund war eine Mischrasse und sollte höchstens mittelgroß werden. Doch er wuchs und wuchs und wurde ein großer Hund, der sich mehr zum Hofhund als zum Haustier eignete. Er konnte nie genug Bewegung im Freien bekommen und benützte jede Gelegenheit, um sich hinauszustehlen. Dies nicht zur Freude unserer Nachbarn.

Ruth hatte noch einen andern Freund.

Vor ein paar Monaten hatte mein Mann im Beisein Ruths einen jungen Autostopper mitgenommen. Die beiden kamen ins Gespräch mit ihm. In der Folgezeit freundeten sich die jungen Leute an. Seither ging Urs bei uns aus und ein. Von Ruths älteren Geschwistern her waren wir es gewohnt, in einem «Taubenhaus» zu wohnen, in dem Kameraden und Freunde frei kommen und gehen durften. Es waren nicht immer leichte, aber fröhliche Zeiten, in denen wir manches frohe Fest mit dem jungen Volk feierten.

Weil die «Großen» nur noch selten heimkamen und Ruth fast zum Einzelkind geworden war, nahmen wir unsern Neffen Peter während seiner dreijährigen Lehre gerne bei uns auf. So brachten Ruth, Urs und Peter wieder Leben in unser Haus. Seit Markus vor kurzem sein Studium aufgenommen hatte, gesellte auch er sich zu ihnen.

So dachte ich an diesem ersten Ferienabend an jedes der Kinder und erbat Gottes Schutz für sie. Bei Ruth waren meine Gedanken in großer Zärtlichkeit hängen geblieben. Ihre Ablösung von uns Eltern war im Augenblick in einer Phase, in der sich kühle, distanzierende

Selbständigkeit mit gelegentlich fast überschwenglicher Trauer über das Herauswachsen aus der Kindheit mischte. Mal gefiel sie sich schnippisch und überheblich, mal konnte sie sich ungestüm in meine Arme werfen und mich heftig an sich drücken. Wie oft habe ich dabei die Intensität, mit der sie lebte, an einem leisen Beben ihres Körpers verspürt.

«Mein Liebes», sagte ich, in Gedanken immer noch bei ihr verweilend. Eine hellwache Stimme in mir nahm die beiden Worte auf und fragte kritisch: Mein? Was ist da noch dein? Weißt du nicht, daß... Doch, ich weiß. Das Kind ist nicht mein. Mein war es nie. Ich hatte die Ablösungsphase der drei Großen noch gut genug in Erinnerung. Soweit es an mir lag, wollte ich es Ruth so leicht wie möglich machen. Diese Entwicklung war längst auch eines der Themen unserer abendlichen Gespräche geworden.

Nein, im Wörtlein «mein» lag nicht eine Spur von Besitzergreifung. Der Akzent lag auf dem zweiten Wort.

Über diesen Gedanken schlief ich ein. Ich schlief entspannt und ungestört von Ahnungen bis in den Morgen hinein.

Bis zum Ende meines Lebens werde ich Mühe haben zu begreifen, daß ich keine Botschaft empfing von dem, was unterdessen mit diesem Kinde geschehen war.

Zur Zeit, da ich so innig an Ruth dachte – mir zögert noch heute, nach so manchem Jahr, die Hand, wenn sie es niederschreiben soll –, war sie schon seit einigen

Stunden tot. *Tot* – was für ein furchtbares, endgültiges Wort. Die Macht des Todes kann nur nachfühlen, wer sie unmittelbar selbst erlebt hat. Auch das beste Einfühlungsvermögen kann die Härte des Schlages nicht mitempfinden, den ein anderer mit diesem Wort empfängt.

Der erste Tag danach

Ein lautes Klopfen an unserer Türe weckte uns. Es beunruhigte uns nicht weiter. Wer konnte schon wissen, daß wir hier waren? Sicher suchte man jemand anderes, nicht uns.

Da tauchte vor der seitlichen Glastüre, die zum kleinen Gartensitzplatz hinausging, eine Gestalt auf. Trotz der fremdsprachigen Laute verstanden wir unsern Namen: «Telegramm für...»

Noch schlafbefangen stand ich auf und öffnete die Türe. Ein Postbote überreichte mir einen Umschlag und forderte eine Unterschrift.

Schlagartig war es um unsere Ferienstimmung geschehen. Mein Mann riß den Umschlag auf.

Es standen nicht viele Worte auf dem Formular. Nur: «Sofort anrufen, Unfall», hieß es da, unterzeichnet von Markus. Unfall – wir schauten uns an. Wer? Wie?

Die Worte blieben uns im Halse stecken. Schweigend, in Gedanken abwesend, kleideten wir uns an.

Telefonieren sollten wir. Wo war die nächste Gelegenheit dazu? Unsere Vermieterin war vielleicht noch abwesend. Sollten wir zu ihrer Schwester gehen, die wir am Abend vorher nicht hatten behelligen wollen?

Jetzt fiel jede Rücksicht weg. Sicher würde sie es verstehen. Und bei ihr befand sich der nächste Telefonapparat.

Wir hasteten über die Gartentreppen, welche die üppig bewachsenen Terrassen miteinander verbanden, hinunter, ohne mehr zu sehen als unsere eigenen Füße.

So distanziert und abweisend, wie wir die Dame in Erinnerung hatten, stand sie uns unter ihrer geöffneten Haustüre gegenüber. Ihr Gesichtsausdruck änderte sich, als ihr mein Mann das Telegramm entgegenstreckte.

Offenbar spürte sie, daß wir in großer Spannung waren. Sie ließ uns ins Haus und wies im Korridor auf den Apparat an der Wand. In der geöffneten Tür zu einem sonnendurchfluteten Raum saß ein kleines Mädchen, wohl das Großkind der Hausfrau, auf dem Töpfchen. Neugierig betrachtete es uns.

Mein Mann wählte die vertraute Nummer. Dann drückte er mir den Hörer in die Hand. Markus hatte daheim offenbar auf unsern Anruf gewartet. Kaum klingelte die Glocke, war er auch schon da. Ich meldete mich und fragte atemlos: «Was ist denn nur los, Markus?»

Ich hörte ihn atmen. Aber er sagte nichts.

Schließlich seine Stimme. Ihr Klang war ungewohnt: «Ist Vati da? Laß mich bitte mit ihm reden!» Ich übergab den Hörer wortlos meinem Mann.

Nun kam er, der Schlag, den nichts auf der Welt wieder rückgängig machen konnte. Markus hatte eine lange Nacht allein mit dieser Nachricht verbracht. Vergeblich hatte er uns immer wieder zu erreichen versucht. Jetzt endlich konnte er die Nachricht weitergeben mit den drei so endgültigen Worten: «Vati, Ruthli ist tot!»

Ich stand daneben und hörte die Worte durch den Hörer hindurch mit. Ohne bewußtes Dazutun entrang sich mir ein Schrei, der erschreckend geklungen haben muß. Jedenfalls eilte die Hausbesitzerin herbei, und das Kind auf seinem Töpfchen brach in entsetztes Schreien aus.

Mein Mann legte schützend seinen Arm um meine Schultern. Damals wußten wir noch nicht, daß es vor der Bitterkeit des Todes keinen Schutz gibt.

Auf die sich überstürzenden Fragen nach dem Wo und Wie bekamen wir nur Antwort im Telegrammstil: «Gestern abend, mit Urs, im Auto.»

«Wir kommen sofort heim», sagte mein Mann. Nachträglich erst berührte uns Markus' Frage, ob wir uns zum Fahren fähig fühlten oder ob er uns holen solle.

«Es wird schon gehen, es muß», sagte mein Mann und hängte den Hörer auf.

Mit einem Mal war unsere Welt anders geworden.

Der Glanz des Junimorgens, soweit ihn unsere Augen überhaupt noch wahrzunehmen vermochten, schnitt wie ein Schwert in unser Inneres. Ein Teil in uns war wie abgespalten, wie betäubt, nicht fähig, die Außenwelt aufzunehmen.

Wortlos hasteten wir zurück in unsere Wohnung. Die Hände warfen das kaum Ausgepackte fast automatisch zurück in Koffer und Taschen und räumten die Wohnung.

Seltsam, wie ein Mensch auch in ungeheurem innerem Schockzustand äußerlich funktionieren kann! Wie ein seelenloser Roboter bewegt sich der Körper, doch Vernunft und Verstand arbeiten mit. Was getan werden muß, wird getan. Mein Mann brachte das Gepäck zurück ins Auto, während ich mich, innerlich taub und blind, in der Wohnung nochmals umschaute.

Hier also...

Da legten sich zwei Arme um mich, und jemand drückte mich liebevoll und wortlos an sich. Unsere Vermieterin war zurückgekommen und hatte von ihrer Schwester gehört, was geschehen war. Ihr Schrecken und ihre Erschütterung fanden keine Worte, nur Gesten. In ihren Armen kam ich wieder zu mir selber, und der erste Tränenstrom konnte sich lösen.

«Wartet noch ein paar Minuten», bat sie dann leise. Kurz darauf kam sie zurück mit einem Armvoll Rosen. Rosen für Ruth!

Wohl nie in meinem Leben werde ich einen schöneren Rosenstrauß bekommen. Im ganzen, großen Garten hatte Ilse ohne jedes Zögern und ohne Bedauern von allen Stöcken, Büschen und Hecken die schönsten, taufrischen, eben aufblühenden Knospen abgeschnitten.

An diesem Morgen ist mir eine langjährige, liebe Bekannte zur nahen Freundin geworden.

Was für eine Heimreise! Der durchsonnte Junitag war wie Nacht für uns. Wir hatten keine Augen für die Außenwelt – bis auf die Straße, die meinem Mann volle Aufmerksamkeit abverlangte.

Die Rosen auf meinem Schoß verbreiteten einen sanften Duft. Rosenduft ist seither für mich untrennbar mit diesen dunkelsten Stunden unseres Lebens verbunden.

Vielleicht haben die Aufmerksamkeit, die das Fahren erforderte, und die Ablenkung, die es mit sich brachte, die Art mitbestimmt, mit der mein Mann mit dem Schicksalsschlag fertig zu werden versuchte.

Es zeigte sich von Anfang an, daß sein Weg durch die Trauer ein anderer war als der meine. So sehr wir auch zusammenrückten und die Last des Verlustes gemeinsam trugen, so viel wir uns in Gesprächen gegenseitig zu helfen suchten, so mußte doch jedes allein und seiner Art gemäß durch das Dunkel der Trauer hindurchfinden.

Das ist der Grund, warum ich in der Folge fast nur noch von meinem eigenen Weg zu berichten vermag. Erst später erkannte ich, was für ein unschätzbares Geschenk es ist, wenn die gegenseitige Liebe so verläßlich ist, daß sie einen weiten Raum für individuelle Unterschiede offen läßt.

Urs – der Gedanke an ihn traf mich heiß, kaum daß wir unterwegs waren. Markus hatte gesagt, daß Urs und der Kollege, welche Ami und Ruth an diesem Abend begleitet hatten, unverletzt geblieben seien. Sie hätten nur Schürfungen und Prellungen und einen Schock davon getragen. Nur Ruth... die ganze Wucht des Unfalls hatte sie allein getroffen.

Nun wußte Urs sicher, daß wir auf dem Heimweg waren und er bald vor uns stehen würde. Er, der gefahren war, der den Unfall verursacht hatte!

Welch furchtbare, für einen so jungen Menschen kaum zu tragende Last lag auf ihm. Vielleicht fürchtete er sich vor einer Begegnung mit uns?

Dieser Gedanke rief der Frage nach der Schuld. War er schuld?

Schon in diesen Stunden der Heimfahrt schenkte sich uns auf diese Frage eine Antwort. Wir hielten uns fest daran, daß ein anderer über Tod und Leben gebietet, nicht ein Mensch, auch nicht ein fehlbarer Mensch. Wir vermochten diesen Schlag nicht aus der Hand eines Menschen entgegenzunehmen. Nur aus Gottes Hand. Die Last, die Urs zu tragen hatte, blieb auch so schwer genug und würde wohl sein Leben prägen.

Aber vor einer Begegnung mit uns sollte er sich nicht fürchten müssen. Wir durften ihn nicht länger als nötig dieser Angst überlassen. Vielleicht konnten wir ihn telefonisch erreichen.

Bei einem Zwischenhalt nach drei Stunden Fahrt zwang uns die Vernunft, wenigstens eine Tasse Kaffee zu trinken. Bei einer Gaststätte an der Straße legte ich als erstes die Rosen an einen schattigeren Platz.

Dann telefonierte ich mit dem Krankenhaus unserer Heimatstadt und bat, man möge an Urs eine Botschaft weitergeben. Wie sie wörtlich lautete, hat mein Gedächtnis nicht festgehalten, so minuziös sonst dieser ganze Tag darin aufgezeichnet bleibt.

Als wir, Stunden später, daheim in die Straße zu unserem Haus einbogen, folgte uns ein bekannter Wagen. Es waren Elisabeth und ihr Mann. Auf dem Parkplatz entstiegen bei unserem Kommen Esther und ihr Freund ihrem Auto, das kurz vor uns angekommen war.

Was für eine Begegnung! Wir nahmen uns in die Arme, ohne Worte zu finden, alle unter dem gleichen unfaßlichen Ereignis stehend.

Im Haus fanden wir einen Zettel von Markus, der meldete, er sei wegen verschiedener Verrichtungen und Formalitäten unterwegs. Er komme bald heim.

Als er kam, sah er sichtlich mitgenommen aus. Endlich hörten wir von ihm, was geschehen war.

Urs hatte am Abend vorher noch einen Freund mitgebracht. Seinetwegen wollte Ruth nicht länger auf unsern Anruf warten. Peter war ja da und konnte ihn entgegennehmen. Die drei jungen Leute wollten zusammen in ein nahes Flußtal fahren, wo sich Ami für eine Stunde frei bewegen konnte. Urs und sein Freund beabsichtigten, währenddessen ihr Glück beim Angeln zu versuchen.

Seitdem Urs ein Auto besaß – es war noch nicht lange her und ein völlig neues, faszinierendes Gefühl, selber einen Wagen zu besitzen, wenn es auch nur ein zurechtgemachter Gebrauchtwagen war –, leisteten sie sich abends hin und wieder eine kleine Fahrt. Ruth oblag der Abendspaziergang mit Ami. In letzter Zeit hatte Urs die beiden öfters begleitet. Das Auto erweiterte die Möglichkeiten für den obligaten Hundespaziergang in ungeahnter Weise.

An diesem Abend hatten sie unterwegs noch getankt. Dann waren sie von der Seestraße abgezweigt in die Richtung des Flußtales. Unterwegs behinderte sie eine Baustelle und zwang zum Langsamfahren. Nachher verleitete das Signal «Freie Fahrt» den Fahrer zum Druck auf das Gaspedal. Es war kurz vor einer engen Rechtskurve. Dort geschah es.

In der schlecht ausgebauten Kurve kam der kleine Wagen ins Schleudern. Der irritierte Fahrer reagierte in seiner Unerfahrenheit mit Gegensteuer und verlor damit vollends die Herrschaft über sein Fahrzeug. Es geriet auf die andere Fahrbahn und prallte an den eisernen Zaun, der die Straße von der tiefer liegenden Wiese trennte. Die Autotüren wurden aufgedrückt, und alle vier Insaßen, die drei jungen Leute und der Hund, hinausgeschleudert. Die beiden Burschen standen nach einiger Zeit wie durch ein Wunder fast unversehrt von der Straße auf, auf der zu ihrem Glück gerade kein Gegenverkehr war. Von Ami war nichts zu sehen.

Und wo war Ruth?

Während Urs und sein Freund noch mit ihrem Schock kämpften, erwartete sie ein neuer Schrecken. Sie sahen das Mädchen in der Wiese unterhalb des Zaunes liegen. Später wagte niemand mir zu sagen, wie sie dalag, wie sie aussah. Urs kümmerte sich um sie, während sein Kollege zum nächsten Haus rannte, um Hilfe herbeizurufen.

Es müssen furchtbare Minuten gewesen sein für Urs. Zwar klammerte er sich noch mit aller Kraft an die Hoffnung, daß Ruth nicht viel mehr zugestoßen sei als ihm und seinem Freund. Aber er muß rasch gesehen haben, daß es schlecht stand um das Mädchen, dem er wie sonst keinem Menschen zugetan war.

Nun hielten auch Autos auf der Straße und Neugierige sammelten sich.

Lange, lange habe es gedauert, bis endlich ein Arzt und ein Krankenwagen gekommen seien. Mit Blaulicht und Sirene fuhren sie ins nächste Krankenhaus. Doch lange bevor sie dieses erreichten, sei der letzte hörbare Hauch über die Lippen der Verunglückten gezittert, sei das letzte lebendige Zucken durch den jungen Körper gegangen. Der Krankenwagen brachte eine Tote in die Notfallstation.

«Ich war im Training und nachher noch mit Kollegen zusammen», berichtete Markus. «Es wurde spät, bis die Polizei mich erreichte. Dann versuchte ich euch anzurufen...» Aber bei der von uns hinterlassenen Telefonnummer habe sich nie jemand gemeldet. Wir hatten ja nicht gewußt, daß unsere Bekannte abwesend sein würde. Markus und Peter haben nie darüber gesprochen, wie sie unter dem Druck des Geschehens die Nacht verbrachten. Sie konnten es wohl einfach nicht. Nach all den vergeblichen Versuchen, uns zu erreichen, hatte Markus schließlich mitten in der Nacht das Telegramm aufgegeben, das uns am Morgen alarmierte.

«...und jetzt wollt ihr gewiß zu Ruth gehen», sagte Markus, nachdem er uns stockend und sichtlich mitgenommen all dies berichtet hatte. Auf des Vaters Frage hin ergänzte er seinen Bericht mit dem, was er von den notwendigen Formalitäten bereits erledigt hatte.

Wir saßen wie gelähmt um den Tisch herum.

Während Markus' Bericht waren die Ereignisse des Vorabends wie ein Film vor unsern innern Augen abgelaufen. Es war doch ein Tag gewesen wie jeder andere. Er war noch greifbar nah. Konnte darin wirklich etwas geschehen sein, das nicht wieder gut zu machen, nicht wieder zu heilen war?

Ruth hatte doch gestern noch an diesem Tisch, auf diesem Stuhl gesessen, eben war sie noch ein zugehöriger Teil von uns gewesen. Sie konnte doch nicht endgültig, unwiederbringlich weggegangen sein...

Alles in mir bäumte sich auf gegen diesen Gedanken. Ihr Dasein in diesem Raum, in diesem Haus, in jeder Ecke war noch mit allen Sinnen erfaßbar, spürbar. Ihre Wärme, ihre intensive Art zu leben waren für mich ein unverzichtbarer Teil der Atmosphäre dieses Hauses. Es konnte einfach nicht wahr sein, daß all das in einer Sekunde ausgelöscht worden war! Heißer Protest gegen diese Behauptung quoll in mir auf.

Tot – was für ein Wort!

Mein Herz sprach ihm jede Gültigkeit in bezug auf Ruth ab. Doch nicht Ruth, dieses blühende Menschenkind an der Schwelle des Lebens...

Welche Gedanken den andern durch Kopf und Herz gingen, weiß ich nicht. Zwar suchte jedes die Nähe des andern, aber jedes war verzweifelt allein in seiner Auseinandersetzung mit dem Geschehenen.

«Sicher wollt ihr jetzt ins Spital?» fragte Markus noch einmal.

«Und du, Vater, mußt noch...» Da war noch manches zu tun. Es gab manches «Muß», ob wir ihnen Raum geben wollten oder nicht. Die Männer der Familie schienen fast dankbar, daß sie etwas tun konnten.

Zwei machten sich auch auf die Suche nach Ami. Wir andern brachen auf. «Zu Ruth», hatte Markus gesagt. Ich holte die ins Wasser gelegten Rosen und machte sie zum Mitnehmen bereit. Sie waren ja für Ruth bestimmt.

Wieder beobachtete ein Teil meiner selbst, wie der andere Teil auf Befehle hin funktionierte, obwohl Herz und Seele nicht bei der Sache waren. Mir war, als sei ein Stein, nein, ein Felsbrocken auf meinen Weg gefallen. Nun war ich innerlich damit beschäftigt, dieses Hindernis wahrzunehmen. Immer wieder machte mein Inneres den Versuch, das Hindernis zu ignorieren in der verzweifelten Hoffnung, daß sich dieser Stein des Anstoßes wieder in Nichts auflösen würde.

Aber er blieb.

Dann kam der Gang in die Kellerräume des Krankenhauses, wo die Toten aufbewahrt werden.

Es befremdete mich, daß die Oberschwester, die uns begleitete, ihren Arm um mich legte.

Die Türe öffnete sich...

«Aber da bist du ja!» sagte ich und ging auf das Kind zu. Aber eine Glaswand trennte uns voneinander.

Ich konnte später diese Worte, in denen fast etwas wie Erleichterung durchklang, selber nicht verstehen. Aber – hatte man mir nicht eben weisgemacht, daß uns dieses Kind genommen worden sei? Da war sie doch! Aber ach, hinter der Glaswand war sie. Und weit mehr als das. Weltenfern, unsern Händen, unsern Herzen entzogen.

Aber – sie war da! Meine Augen konnten sich nicht satt sehen an diesem Gesicht, diesen Händen, an dieser verhüllten Gestalt. Die dunkelblonden Locken umrahmten ein überirdisch schönes, gleichzeitig liebliches und strenges Gesicht. Ich hatte nicht gewußt, daß sie so schön war.

Diese klare Stirn mit den hohen Bogen der Augenbrauen, diese Vornehmheit im Schwung der Nase, diese Wangen mit den hohen Backenknochen...

Und dann die Lieblichkeit des Mundes, die feingeschnittenen Lippen... Lag nicht der Anflug eines Lächelns auf ihnen? In der Weichheit und Runde des Kinns lag noch so viel Kindlichkeit! Eben hatte sie sich angeschickt, sie abzulegen wie ein lange genug getragenes Kleid.

Genau so war es gewesen: Das meiste an ihr war zukunftsgerichteter junger Mensch, der nur gelegentlich nach rückwärts und seitwärts blickte.

Aber ein Rest Kindlichkeit hatte ihr noch angehaftet und sie manchmal vom unbedachten Vorwärtsstürmen zurückgehalten. Dann konnte es geschehen, daß sie an einem Sonntagmorgen zu mir ins Bett kroch wie früher. Oder daß sie sich in jäher Anwandlung von Angst wie schutzsuchend vor dem eigenen Mut in meine Arme warf und mich fest an sich drückte. Ich spürte bei solchen Gelegenheiten in dem leisen innern Beben, das mich jedesmal bis ins Innerste berührte, etwas von ihrem Herzschlag, ihrem Leben.

Aber auch das andere Extrem hat bei ihr nicht gefehlt. Oft brach ein schmerzhaftes Übermaß an jugendlicher Arroganz aus ihr hervor, das überraschte und befremdete. Aber ich hatte den Loslösungsprozeß mit den drei «Großen» noch hautnah in Erinnerung. Auch wenn jedes ihn auf seine Weise erlebte, so hatte ich doch gelernt, daß Extreme mit dazu gehörten.

Loslösung vom Vertrauten, vom Kindsein, ist ein schmerzhafter Prozeß. Zuerst für den jungen Menschen selber, aber auch für die Eltern, vor allem aber für Mütter. Bei Ruth war er voll im Gang gewesen, aber noch längst nicht abgeschlossen.

Das bekam ich nun mit ganzer Schärfe zu spüren. Statt des langsamen, organischen Auseinanderwachsens und Sich-Befreiens voneinander war nun die Axt des Schicksals zwischen uns gefahren...

Wie lange ich dastand und schaute, in Gedanken dieses Gesicht streichelte und küßte – ich weiß es nicht. Ich nahm auch nicht wahr, wer neben mir noch im Raume war und wie sie sich verhielten.

Bis mein Mann mich sanft auf Urs hinwies, der wie ein Häuflein Elend im Hintergrund des Raumes auf einer Bank kauerte. Namenloser Schrecken lag auf seinem verweinten Gesicht und drückte sich in seiner Haltung aus.

Bei Ruths Anblick waren meine Augen trocken geblieben und viel zu sehr damit beschäftigt, zu schauen und aufzunehmen. Urs' Anblick dagegen rief den Tränen.

Da saß ein junger verletzbarer Mensch, der vor der Unbegreiflichkeit stand, etwas getan zu haben, was er nie gewollt: Er war zum mindesten mitbeteiligt daran, daß der Mensch sein Leben verlor, der ihm am nächsten stand. Wir hatten in Ruth eines unserer vier Kinder verloren, das jüngste, von allen geliebte Kind, das einzige, das uns noch ein wenig mehr gehörte als die bereits erwachsenen. Er, Urs, hatte in Ruth seinen augenblicklichen Lebensinhalt, sein Liebstes, verloren. Dazu kam diese unbeantwortbare Frage nach der Schuld.

Wir blieben dabei und wichen keinen Augenblick davon ab, daß wir diesen Tod nicht aus eines Menschen Hand, sondern nur als Geschick aus Gottes Hand annehmen konnten.

«Behüt dich Gott», mit diesem Gebet hatte ich das Kind am Morgen verabschiedet und es damit Gottes

Schutz anbefohlen. Ich habe mich nachher tausendmal gefragt und mich an der Frage wund gerieben, wie es sich damit verhält bei von Menschen verursachten Unfällen. Bei dem Unglück, das uns betraf, aber auch bei den hunderten von Unfällen, die täglich rund um die Welt geschehen.

Wir wußten es: Lebenslang hatten wir und die Kinder viel Bewahrung erlebt, oft ins Auge fallende Bewahrung. Dieses eine Mal, dieses so endgültige Mal waren zwar die Mitbeteiligten vor Schaden bewahrt worden – nur Ruth nicht. Sie wurde weggenommen. Ein eben aufblühendes, junges Leben. Warum nur, warum?

Konnte Bewahrung auch das bedeuten, was uns geschehen war?

«...und ich bin schuld», darin gipfelte Urs' Verzweiflung. «Warum traf es sie, warum nicht mich!» Wir bekamen es später zu wissen, wie nahe Urs dem Selbstmord aus Verzweiflung gewesen war. Er schrie dem Geschehen hundert Mal sein «Nein, nein, nein!» entgegen. Schon dort, als er neben Ruth im Grase kniete, dann in der Ambulanz und beim Bescheid des Arztes nach der Untersuchung in der Notfallstation.

Dieser Protest des Lebens gegen den Tod ertönt, seitdem es Leben gibt. Das Geheimnis, das beide umgibt, Tod und Leben, ist von der menschlichen Seite her nicht zu ergründen.

Wir wissen nicht, was es für Urs bedeutete, vor Ruths Anblick von der Schuld an ihrem Tode freigesprochen zu werden. Aber wir wissen, daß er auch ohne unsere

Anklage noch schwer genug an dem trug, was geschehen war.

Mein Mann und ich nahmen den verweinten, zerquälten Urs in unsere Mitte. So standen wir lange stumm vor der Glaswand, die uns von Ruth trennte.

Dann faltete mein Mann, einem innern Drang gehorchend, die Hände, und Urs und ich taten es ihm unwillkürlich nach. Mit tränenerstickter Stimme legte er dieses Kind in Gottes Hände. Dann betete er für Urs, für uns alle. Er klagte Gott unser gemeinsames tiefes Leid. Und wieder standen wir lange still.

Die Rosen für Ruth, wo hatte ich sie nur hingelegt? Nun sah ich auch, daß jemand das Kind schon liebevoll mit Gartenblumen geschmückt hatte. Wer war es?

Die Oberschwester wies auf den soeben eintretenden Angestellten des Spitals, einen Ausländer, der die wohl nicht so beliebten Pflichten um die Toten zu versehen hatte.

Er habe am Abend vorher nach der Untersuchung auf der Notfallstation die Verunglückte zur Aufbahrung bekommen, berichtete er in gebrochenem Deutsch. Weil keine Angehörigen gekommen seien und ihm der Anblick des schönen jungen Mädchens ins Herz geschnitten habe, sei er heimgegangen, um alles, was in seinem Gärtlein blühte, zu schneiden und die Tote damit zu schmücken.

Mit zuckenden Schultern, das Gesicht ins Taschentuch gedrückt, wandte er sich ab und ging hinaus. Wir hatten kaum Zeit, ihm zu danken. Beim Verlassen des Krankenhauses sahen wir ihn nochmals, mit roten, verweinten Augen. Ein wildfremder Mensch, der um unser Kind weinte!

Vom Gespräch mit dem Arzt, der am Abend vorher in der Notfallstation Dienst getan hatte, habe ich nur den als Trost gemeinten Hinweis behalten, daß Tod als Unfallfolge leichter zu ertragen sei als das Überleben mit nicht wieder gutzumachenden Schädigungen. Die Verunglückte sei eines dreifachen Todes gestorben. Die scharfen Ränder des geborstenen Eisenrohrs hätten ihr beim Sturz den Hinterkopf zerstört. Der Sturz auf die tiefer liegende Wiese müsse an den lebensbedrohenden inneren Verletzungen schuld sein. Doch der Blutverlust allein hätte zum Tode geführt. Deutlicher konnte der Arzt uns das Geschehene nicht machen.

Eigentlich wissen es alle: Vom Leben zum Tod ist es nur ein kleiner Schritt. Das Fehlverhalten einiger Sekunden genügt, um ein Leben auszulöschen. Es an sich selbst zu erfahren, ist jedoch etwas ganz anderes, als diese Binsenwahrheit als banale Feststellung in der Zeitung zu lesen oder selber auszusprechen. Nur der unmittelbar Betroffene bekommt ihre Wirklichkeit zu spüren und erlebt, wie sich darob der Tag in Nacht verwandelt.

Undeutlich war uns von Anfang an bewußt, daß das, was wir erlebten, sich täglich vielfach auf den Straßen der Welt ereignet. Täglich werden Menschen in die jähe

Dunkelheit der Trauer um Angehörige geworfen. Denn der Tod geschieht mitten im Leben. Er ist überall. Aber – versuchen wir nicht alle zu leben, als ob es ihn nicht gäbe?

So allein jeder mit seinem Leid ist, so läßt sich doch – das wissen und empfinden nur die Betroffenen – hintergründig etwas spüren von einer unsichtbaren, Grenzen und Unterschiede übersteigenden Gemeinschaft von Menschen, die dasselbe Leid ereilt hat. Über ihnen allen steht die Verheißung des Getröstetwerdens.

Doch zu Beginn dieses Weges durch die Trauer ist davon nichts zu spüren. Da nimmt der Schreck über das Geschehene und der Jammer um den Verlust den ganzen Raum ein.

Die erste Nacht nach diesem ersten «Tag danach» war voll davon. War überhaupt Schlaf darin?

Ich kam in meinen Gedanken nicht darum herum, mich zu erinnern: Vierundzwanzig Stunden früher, als unsere Welt noch heil war, hatte ich an jedes der Kinder gedacht und war bei der Jüngsten stehen geblieben. Ich wähnte sie voller Leben und ahnte nichts davon, daß es schon aus ihr entflohen war. Oder war es umgekehrt? War sie dem Leben entflohen?

Wie war es nur möglich, daß nicht der Schatten einer Ahnung mich gestreift hatte?

Schon in dieser ersten Nacht und nachher noch viele Nächte war ich im Geist bei dieser schicksalshaften Fahrt der drei jungen Leute mit dabei. Wie schnell war Urs gefahren?

Wie konnte es geschehen, daß er die Herrschaft über sein Fahrzeug verlor? Ich kannte die unbekümmerte Fahrweise junger Autofahrer zur Genüge und hatte sie an unsern eigenen «Großen» beobachtet. Warnende Worte wurden auf die leichte Schulter genommen und in den Wind geschlagen. Nicht erst, seitdem sie selber fuhren, sondern schon lange vorher, sahen wir Eltern uns vor die Forderung gestellt, die Kinder loszulassen, sie ihre eigenen Erfahrungen machen zu lassen. Was bleibt Vätern und Müttern anderes übrig, als die Kinder ihrem Schutzengel anzuvertrauen vom Augenblick an, da sie stolz allein zur Schule gehen? Ohne dieses Vertrauen wäre der Alltag für Eltern, und vor allem für Mütter, die meist enger mit den Kindern verbunden sind als die berufstätigen Väter, kaum auszuhalten.

So lernt man dann Schritt um Schritt, sie gehen zu lassen, ihnen Selbständigkeit zuzutrauen. Vielleicht, wenn Jahr um Jahr vergeht, ohne daß etwas Bedrohliches geschieht, tut man es mit einer zunehmenden Dosis Vertrauensseligkeit. Doch meist geschieht genug, um uns immer wieder neu in Erinnerung zu rufen, wieviel Bewahrung uns täglich zukommt, wie dankbar für heile Tage wir zu sein haben.

Es ist wahr, wir haben mit unsern Kindern viel Bewahrung erlebt. Außer einigen üblen Stürzen vom Fahrrad und einem glimpflich abgelaufenen Autounfall Elisabeths war nie etwas geschehen, das nicht wieder gutgemacht, nicht wieder geheilt werden konnte. Hatte nicht Markus schon mehr als einen Gebrauchtwagen zu Schrott gefahren, ohne daß er dabei ernsthaft verletzt worden wäre?

Und nun das!

Schon ein Unfall mit Knochenbrüchen, Schock und Blechschaden wäre eine schlimme Erfahrung für alle Beteiligten gewesen. Und eine Lehre dazu.

Hier ist wohl einer der Punkte, an denen sich in meinem Innern die bisherigen Werte anders zu ordnen begannen: Was war ein noch so arger und kostspieliger Unfall mit Blechschaden – gegen ein Leben!

Leben – was für ein Geheimnis!

Ich stand in Gedanken wieder an der Glaswand vor unserem Kind und erschauerte vor der Ahnung, was Leben ist. Ihr Körper war noch da, die gestaltete Materie lag vor unsern Augen. Doch – was war es? Eine leere Hülle. Das, was sie kostbar gemacht hat, war allein das Lebendige in ihr, der Odem, die Ausstrahlung, die Wärme, der Geist. Davon läßt sich nichts greifen. Nichts davon kann der Mensch selber machen. Der Lebensfunke ist reines Geschenk Gottes. Der, der Leben, diese unfaßbare Gabe, schenken kann, mußte selbst der Inbegriff des Lebens in seiner ganzen Vielfalt und Fülle sein. Die Quelle all dessen, was lebendig ist, muß Liebe sein. Ungeheure, unbegreifliche, alles umfassende Liebe des Schöpfers zu seinem Geschöpf.

Liebe? War Liebe nicht eben so unbegreiflich wie der Tod? Wenn aus Ruths vollkommen gestaltetem Körper der Funke des Lebens entflohen war, dann mußte er dorthin zurückgekehrt sein, wo er herkam. Zu Gott.

In mir begann eine Ahnung zu keimen, die mir später zur Gewißheit wurde: In Gottes Hand sind Leben und Tod ganz nahe beieinander. Während sie uns Menschen als unvereinbar vorkommen, sind sie in Gottes Welt nur zwei verschiedene Formen des Seins.

Wie ein göttlicher Funke in schwarze Finsternis fiel mir das Wort ein, das ich später nachlesen mußte in der Heiligen Schrift: «Denn ich bin gewiß, daß weder Tod noch Leben, weder Engel noch Fürstentümer noch Gewalten, weder Gegenwärtiges noch Zukünftiges, weder Hohes noch Tiefes noch keine andere Kreatur uns mag scheiden von der Liebe Gottes, die in Christus Jesus ist, unserem Herrn.» (Römer 8, 38 und 39.)

Ohne daß ich es in dieser ersten Nacht des Jammers schon bemerkt hätte, entstand aus diesen nächtlichen Gedanken der erste Trittstein des Trostes im tiefen Wasser des Leids, das uns betroffen hatte.

Der zweite Tag danach

Gegen Morgen mußte ich vor lauter Erschöpfung eingeschlafen sein. Aber ist der Segen des Schlafes den Schrecken des Erwachens wert? Was für ein Erwachen in die nackte Wahrheit des Sätzleins: Ruth ist tot! Dieses neue Eintauchen in den Jammer!

Ein Blick zu meinem Mann hinüber zeigte mir, daß er gerade die gleiche Erfahrung gemacht hatte. So vereinten sich unsere Tränen.

Doch der Tag stand vor dem Fenster und damit die unerbittliche Forderung, den Tatsachen standzuhalten.

Die Einsicht überwältigte mich, daß nichts auf der Welt das Geschehene ungeschehen machen konnte. Nichts, was wir oder irgend jemand tun konnte, vermochte die Härte der Tatsachen zu lindern. – Auch nicht Mitgefühl.

Dieser Tag war voll von Besuchen von Freunden, Verwandten, Nachbarn. Alle Gespräche drehten sich um das gleiche Thema, wenn es überhaupt zu Gesprächen kam. Am liebsten waren uns die Besucher, die uns mühsam gestanden, daß ihnen Worte des Trostes fehlten, die uns nur die Hände drückten und wieder gingen.

Auch der evangelische Pfarrer unserer Gemeinde, der unsere Tochter seit der Kinderzeit kannte, sie unterrichtet und konfirmiert hatte, wollte kommen. Er war uns ein lieber Freund, der nun vor der schweren Aufgabe stand, uns auf der Suche nach dem Sinn des Geschehenen zu begleiten.

Bevor er an diesem Morgen kam, hatte die Post zum Alltäglichen die ersten Beileidsbriefe gebracht.

Darunter war ein kleiner maschinengeschriebener Brief ohne Anrede und Unterschrift. Sein Inhalt: «Gott hat Sie nun damit gestraft, daß er Ihnen die Tochter nahm...» Wer hatte das geschrieben? Ich saß noch mit diesem Papier in der Hand, als mein Mann mit unserem Freund ins Zimmer trat. Sie sahen meine Verstörung. Beide lasen die anonymen Zeilen und schüttelten die Köpfe. Mit ruhigen und entschiedenen Bewegungen riß der Theologe das Papier in hundert Fetzlein und ließ sie in den nächsten Papierkorb fallen. Weitere Worte verloren wir darüber nicht.

Wie dankbar waren mein Mann und ich über die behutsame, taktvolle Anteilnahme unseres Seelsorgers, der sich nicht in naheliegende Trostworte flüchtete, sondern unsere Trauer teilte und weinte mit den Weinenden.

Von geteilter Freude sagt das Sprichwort, sie werde zur doppelten Freude, und mitgeteiltes Leid werde zu halbem Leid. Ich kann dieses Wort nicht bestätigen. Was in bezug auf die Freude stimmt, stimmt meiner Erfahrung nach für das Leid nicht. Kein Unbetroffener, auch wenn er noch so willig ist, den Verlust anderer mittragen zu helfen, kann den Schmerz der Betroffenen wirklich nachempfinden. Er ist nicht auf die gleiche unausweichliche Weise hineingeworfen in die Konfrontation mit dem Tod.

Das ist auch gut so. Wer mit den tiefen Wassern der Trauer ringt, braucht neben sich Menschen, die ihm vom festen Stand her die Hände reichen. Er hat das Angebot helfender Hände auch dann nötig, wenn er sie noch nicht zu ergreifen vermag.

Jemand mußte auch an diesem zweiten «Tag danach» zur Unfallstelle fahren, um von dort aus nochmals nach Ami zu suchen. Am Vortag war von ihm keine Spur zu finden gewesen. Er war nach dem Unfall wie blind vom Ort des Schreckens geflohen und im Wald am Fluß verschwunden. War er verletzt? Wir wußten es nicht. Es mußte ihn jemand suchen, dessen Stimme er gut genug kannte, um ihr Folge zu leisten.

Mein Mann und ich brachten es nicht über uns, zur Unfallstelle zu fahren.

Eine Freundin der Familie war dort gewesen, um nach persönlichen Gegenständen Ruths zu suchen, die ihr beim Sturz aus den Kleidern oder der Tasche gefallen sein konnten. Ruth hatte sie wenige Stunden vor dem Unfall besucht. Sie war eine der letzten, die vorher mit ihr gesprochen hatte. Das machte sie sehr betroffen.

Am Vortag hatten wir den Weg ins Krankenhaus eher zögernd und mit inneren Vorbehalten angetreten. Jetzt aber zog es mich geradezu dorthin. Ich mußte das Kind sehen, solange es möglich war. Bald sollte sein Anblick unsern Augen für immer entzogen sein.

Wieder, wie am Vortag, dieses intensive Schauen, dieses Aufnehmen der geliebten Züge in Auge und Herz. Wieder dieses Erschauern vor dem Geheimnis: Sie war noch da – und nicht mehr da.

Hatte ich dieses Kind am meisten geliebt von allen vieren? Ich glaube nicht, daß meine Zuwendung zu den Kindern Unterschiede machte zwischen ihnen. Aber eine Bindung zwischen Mutter und Kind, die sich auf mehr oder weniger organische Art über Jahre hin langsam löst, gibt kaum Gelegenheit zur Erprobung ihrer ursprünglichen Intensität und Kraft. Der plötzliche Verlust eines Kindes hingegen, das den Ablösungsprozeß noch nicht vollzogen hat, kommt für eine Mutter einer Amputation gleich. So jedenfalls empfand ich es.

Unter normalen Umständen wird man der geheimnisvollen Verbindung zwischen Mutter und Kind gar nicht gewahr. Sie ist nichts Greifbares, nichts, das man untersuchen und beschreiben könnte. Ihre Intensität ist gewiß auch sehr unterschiedlich in den wechselnden Entwicklungsphasen bis zu ihrer spurlosen Auflösung. Spurlosen Auflösung? Ich glaube, ja. Zwischen erwachsenen Kindern und ihren Eltern wächst im Laufe der Zeit eine neue Art von Liebe heran, welche dem Umstand Rechnung trägt, daß die Ebenen sich ausgeglichen haben.

Wenn ein Kind durch Krankheit stirbt – was für eine harte Prüfung muß das für Eltern sein! Aber sie haben Zeit, sich mit dem Nahen des Todes auseinanderzusetzen. Beim Tod durch Unfall saust das trennende Beil wie aus heiterem Himmel hernieder.

Ich stand vor der Glasscheibe, die mich von Ruth trennte, mit dem brennenden Gefühl einer schrecklichen Wunde am ganzen Körper. Vor lauter eigenem Weh vermochte ich noch nicht an die andere Seite, an das Kind, das den Trennungsschmerz vielleicht auch erlitt, zu denken. Später erst klammerte ich mich an die Hoffnung, daß sich lindernde Engelshände seiner angenommen haben.

Sie nahmen sich auch meiner an. Nur spürte ich es noch nicht.

Erst die Größe meines Schmerzes um dieses Kind machte mir bewußt, wie sehr ich es geliebt hatte. Aber – so durchfuhr mich der Schreck – hatte ich diese Liebe nicht zu wenig gelebt, gezeigt, zum Ausdruck kommen lassen?

Das Zusammenleben im Alltag fordert tägliches Kleingeld an Liebe.

Ich erinnere mich an die am Anfang unseres gemeinsamen Lebens so manches Mal ausgesprochene Bitte an meinen Mann: Daß du eine ganze Schatztruhe voller Liebe für mich hast, des' bin ich froh und dankbar. Mach doch bitte täglich brauchbares Kleingeld daraus! Laß mich davon etwas sehen, hören, spüren, laß den Schatz nicht brach liegen.

So ist es gewiß auch mit den Kindern, auch mit diesem Kind gewesen: Wir hatten Kleingeld an gegenseitiger Liebe gewechselt.

Und nun war die Zeit des täglichen Kleingeldwechsels mit Ruth vorbei. Der Schatz an Liebe lag bloß, aufgerissen durch einen jähen Tod. Wenn mir vorher zu wenig bewußt gewesen war, wie groß er war – jetzt wußte ich es. Wie bitter, erst im Verlust die Größe der Zuneigung zu erkennen!

Wie ich so vor ihr stand, in ihren Anblick versunken, überfiel mich die Erinnerung an etwas, das ich tief in mich hinein verdrängt hatte.

Bei Ruths Geburt, als ich das süße, winzige Wesen zum ersten Mal in den Armen hielt, stürzten mir ohne meinen Willen Tränen aus den Augen. Wie ein feiner Stich ins Lebendige traf mich ein Gedanke, eine Art Wissen: Dieses Kind wird nicht auf immer bei uns bleiben!

Aber da lag es greifbar in meinen Armen, war gesund und ausgestattet mit allem, was es zum Leben brauchte. Ich schob den seltsamen Gedanken als Hirngespinst zur Seite. Die Tage, Monate, Jahre deckten ihn vollends zu.

Doch das ungewollte Wissen überfiel mich ein zweites Mal an Ruthlis drittem Geburtstag.

Meine Mutter überraschte uns mit einem Rötel-Porträt des Kindes, das ihr Bruder, ein begabter Künstler und Porträt-Maler, von Ruthli angefertigt hatte, als es ein paar Tage bei den Großeltern in den Ferien weilte.

Ich nahm das Geschenk aus den Hüllen – und empfing wieder diesen feinen Stich im Innersten, erlebte wieder diesen Tränenstrom und empfing denselben Gedanken wie damals nach der Geburt.

Aber auch dieser Moment ließ sich leicht überdecken mit der Erfahrung des Umschlungenwerdens von liebevollen Ärmchen, von der Gegenwart ihres Daseins, ihres Wachsens und Gedeihens.

Es gab noch ein drittes Zeichen. Jetzt drängten sie sich alle in mein Gedächtnis.

Wenige Monate vor diesem schwarzen ersten Juni hatte sich Ruth, eine sich nun schon sehr selbständig gebende Ruth, an einem Sonntagmorgen am Telefon mit Urs zerstritten. Das ertrug sie schlecht. Sie war offensichtlich verstört und kam nicht einmal zurück an den Tisch, auf dem das sonntägliche Frühstück stand. Sie ergriff Amis Leine und ging mit ihm ins Freie. Hatte sie wenigstens einen Mantel angezogen? Schließlich steckten wir mitten im Winter.

Doch wir ließen uns nicht weiter stören. Wer das Erwachsenwerden des vierten Kindes miterlebte, hatte manch ähnliche Erfahrung hinter sich. Auch der Umstand, daß wir an diesem Tag meinen Geburtstag feiern wollten, war unerheblich. In gewissen Entwicklungsphasen sind Eltern für Kinder nur lebensnotwendiger Hintergrund, nicht mehr. Ihre eigenen Probleme wachsen ihnen oft weit über den Kopf, da wird alles andere unwichtig.

Es wurde Mittag, Nachmittag. Ruth kam nicht zurück.

Das entsprach nicht ihrer Gewohnheit. Langsam fingen wir an, uns Gedanken zu machen. Als die frühe Dämmerung einfiel, ohne daß wir wußten, wo das Mädchen steckte, war es um unsere Ruhe geschehen. Um die aufkommenden Bedenken zu beschwichtigen, fing ich an, bei ihren Freunden nach ihrem Verbleib zu fragen.

Doch niemand wußte etwas von ihr. Am wenigsten Urs, dem es nach dem Streit am Telefon auch nicht wohl gewesen war und der sich nach meinem Anruf sofort auf die Suche nach Ruth machte.

Mein Mann und ich waren nun so weit, daß wir uns unsere Angst um das Mädchen eingestanden. Zwar versuchten wir immer wieder neue Gründe dafür zu finden, daß Sorgen unnötig seien.

Als der Uhrzeiger gegen sieben rückte, war auch mein Mann bereit, mit mir zur Polizei zu gehen und uns wenigstens zu erkundigen, ob von irgendwo ein Unfall gemeldet worden sei oder sonst Meldungen vorlagen, die einen Hinweis enthielten.

Polizisten wissen mit besorgten Eltern umzugehen. Wir waren offensichtlich nicht die ersten, die nach einem vermißten Kind suchten.

«Meist klärt sich die Sache, bevor man sich's versieht», beruhigte uns der geduldige Beamte. «Zugegeben, nicht immer, aber meistens!» schwächte er ab. Trotzdem, es tönte tröstlich. Er versprach uns, eine entsprechende Meldung an seine Kollegen weiterzugeben.

Es war uns wohl bewußt, wie wenig Sinn eine ziellose Suche nach Ruth hatte. Trotzdem fuhren wir da- und dorthin, gingen vertraute Waldwege und Straßen, die Ruth täglich mit Ami ging.

Schließlich gaben wir es auf und kamen so unruhig heim, wie wir weggegangen waren. Daheim fanden wir Urs, dem es gleich gegangen war wie uns, und Peter, der vom Wochenendaufenthalt bei seinen Eltern zurückgekommen war.

Wir saßen da, zu nichts Vernünftigem fähig. Horch! Es war neun Uhr abends, als die Haustüre ging. Ruths Schritte! Oder narrte uns die Hoffnung? Sie war es!

Am Morgen fortgetrieben von innerem Aufruhr, ausgelöst durch den Streit am Telefon, hatte sie sich ziellos auf den Weg gemacht, Ami neben sich. Stundenlang sei sie marschiert. Ruhiger geworden, wurde sie plötzlich aufmerksam auf Ort und Zeit. Da sah sie sich gar nicht mehr so weit vom Wohnort eines Freundes der Familie, den sie nach einer weiteren Stunde Marsch erreichte. Sie fand ihn daheim und offen für all das, was sie innerlich beschäftigte und umtrieb. Über dem Reden und Diskutieren sei ihnen die Zeit vergangen wie im Flug. Erst als es dunkel zu werden begann, sei ihr plötzlich eingefallen, daß wir uns um sie sorgen könnten.

Sie habe zu telefonieren versucht, hätte aber niemand erreicht. Es mußte um die Zeit gewesen sein, als wir zur Polizei unterwegs waren.

Schließlich habe sie sich Geld geliehen und sei mit dem nächsten Zug zurückgekommen.

Je näher sie dem Hause kam, sagte sie, desto lebhafter habe sie sich vorstellen können, daß wir ihr Wegsein anders erlebt haben mußten als sie. Recht kleinlaut und schuldbewußt kam sie daheim an.

Die ungeheure Erleichterung nach einer solchen Spannung kann verschiedene Formen annehmen. Wie reagierten die andern Hausgenossen? Ich weiß es nicht mehr.

Ich weine im allgemeinen nicht leicht. Darum erschütterten meine Tränen das Kind mehr als viele Worte.

Wir hielten uns minutenlang in den Armen, und fast waren die üblichen Rollen vertauscht. Ruth tröstete mich wie eine Mutter ihr Kind.

Plötzlich sagte sie: «Und dann ist heute ja dein Geburtstag, Mutti, das habe ich ganz vergessen!» Nun weinte auch sie. Schließlich sagte sie etwas, was ich zuerst nicht verstand: «Du mußt nie Angst um mich

haben, daß ich so etwas täte, hörst du, Mutti, nie!»
Langsam ging mir auf, daß sie an Selbstmord dachte.
Das erschreckte mich zutiefst. Uns war nicht einmal der Gedanke daran gekommen, ihr jedoch erschien er naheliegend.

Nach einer Meldung an die Polizei – «Na, sehen Sie!» sagte der Beamte – zündeten wir alle verfügbaren Kerzen an und feierten die Wiederkehr, den Geburtstag, das Zusammensein bis spät in die Nacht.

An diese vorausgegangenen Verlustängste und Verlustschmerzen mußte ich jetzt bei ihrem Anblick denken. Damals kam sie zurück. Voller Leben, voller Liebe.

Diesmal würde sich nicht zu später Stunde die Haustüre öffnen und uns das Verlorene zurückgeben.

Ich hatte diese drei Zeichen nicht verstanden. Ich wollte sie sicher auch gar nicht verstehen. Vielleicht vermag man sie auch erst hinterher wirklich zu erkennen als das, was sie hatten sein wollen. Jetzt, angesichts dieser Toten, wurde es mir bewußt: Eigentlich hast du es gewußt, daß dieses Kind nicht lange bei euch sein wird!

Nun war sie fortgegangen.

Nein, sie war weggerissen, ausgerissen worden wie eine Pflanze aus der mütterlichen Erde. Wurde sie verpflanzt? Durfte sie in Gottes Garten weiterwachsen?

Sie war eine Pflanze, die sich zum Blühen anschickte, voll drängenden Wachstums. Es war ein Wachstum von uns Eltern weg, dem Leben, der Zukunft zugewandt. Das wußten wir wohl. Für Ruth waren wir selbstverständliche Voraussetzung für ihr Wachstum, sozusagen der Boden, in dem sie wurzelte. Bedeutete ihr Tod abgebrochenes Wachstum – oder ein ganz anderes?

In der mütterlichen Erde jedoch klaffte die Wunde...

Die furchtbar schwere Frage, ob dieser frühe Tod Gottes Wille war, stellte sich uns dauernd. Niemand wußte die Antwort darauf. Ich rang mich zum Gedanken durch: Er hat es zugelassen. Das muß mir genügen. Er hat das Kind tausend Mal bewahrt – dieses eine Mal nicht. Oder – wurde es bewahrt, indem der Tod es wegnahm? Kann auch das Bewahrung sein? Bewahrung vor dem Leben?

Fragen, nichts als Fragen...

Nach diesen zwei ersten Tagen, da wir noch zu Ruth gehen durften, waren bis zur Beerdigung noch zwei weitere durchzustehen, an denen uns ihr Anblick durch ihre Überführung ins städtische Krematorium entzogen war.

Diese Tage kommen mir in der Erinnerung vor wie dunkle Löcher in meinem Leben. Kochte jemand? Aßen wir etwas? Schliefen wir? Ich weiß nur noch, daß wir zusammensaßen, oft im Gespräch, öfter aber stumm. Musik mochten wir hören. Vor allem Bach, auch Mahler.

Als seltsam wirksame Hilfe erwies sich schon in diesen ersten Tagen das stundenlange Gehen in Feld und Wald. Es war, als förderten die äußeren Schritte die inneren, unsichtbaren. Diese bewegten sich zwar noch im Kreis um immer wieder dasselbe Geschehen herum, um dieses Hindernis auf unserem Weg.

Ami begleitete uns wieder auf unseren Gängen. Markus hatte ihn gefunden. Scheu und mißtrauisch sei er, fast auf dem Bauch, angekrochen gekommen, im Wald am Fluß in der Nähe des Unglücksortes.

Markus hatte ihn zuerst gefüttert und ihm beruhigend zugeredet. Dann ließ Ami sich mitnehmen, sogar ins Auto. Markus ging mit ihm zum Tierarzt. Dieser sah sofort, daß der Hund unter einem Schock stand und nicht normal reagierte.

«Das geht vorbei», sagte er. Er fand nur eine minimale Verletzung an ihm, machte ihm aber zur Sicherheit die nötigen Einspritzungen.

Auch dem Hund taten unsere weiten Spaziergänge gut. Langsam wurde er wieder wie vorher.

«Das Leben geht weiter».

Ich empfand es als furchtbare Zumutung, dieses so oft zitierte Wort. Für mich stand das Leben noch immer still.

Aber mit uns trauerten liebe, uns nahestehende Menschen. Meine betagte Mutter kam, die Geschwister, die Paten. Auch Ruths Lehrerin besuchte uns. Sie hatte das junge Mädchen in den wenigen Wochen seit Schulbeginn liebgewonnen.

«Ruth war kein einfacher, kein unbekümmerter Mensch», schrieb sie in einem kurzen Nachruf für die Klasse. «Sie sah Hintergründe, erkannte Abgründe, auch in sich selber. Aber sie war mutig. Sie fragte, sie suchte, sie gab nicht auf. Ich habe durch ihre Aufsätze in sie hineinblicken dürfen; es war ein merkwürdiges Geschenk – nicht erst im nachhinein kostbar –, den Schwingungen eines zarten, stolzen Gemüts nachzutasten. Denn im mündlichen Umgang konnte sie kompromißlos mit scharfem Verstand zupacken, oder sie verbarg sich wachsam, abwartend, manchmal hinter leisem Spott. Immer aber war sie ehrlich. Mir ist in diesem Mädchen eine reifende, bewußte Gestalt begegnet, die sich einprägt...»

Auch die Schulkameraden und Freundinnen Ruths kamen. Aber der hilfreichen Worte bei all dem Kommen und Gehen waren wenige. Wer hätte sie auch zu sagen vermocht? Nichts, rein gar nichts, was gedacht, gesagt, getan werden konnte, vermochte etwas an der Tatsache dieses Todes zu ändern.

Am meisten Mühe machte es mir, wenn Besucher einschlägige Bibelworte zitierten und damit zu trösten meinten. Ich spürte wohl, daß sie es gut meinen, aber ich empfand die Zitate in diesem Stadium der Trauer als untauglichen Trost, als eine zu feste Speise. Ich konnte sie noch nicht verdauen. Später lebte ich von biblischen Zusagen, aber zu Beginn der Trauerzeit ertrug ich sie nicht. Trauernde sind wie ungeschalte Eier, man kann nicht behutsam genug mit ihnen umgehen.

Seither begleite ich in Gedanken oft andere Menschen durch diese erste Trauerzeit. Ich werde mein Leben lang wissen, wie verletzlich und einsam Betroffene durch sie hindurchgehen müssen.

Besonders am Beerdigungstag. Gerade, wenn viele Menschen um sie herum sind. Sie alle sind bestenfalls Mit-Leidende, nicht Mit-Betroffene. Seltsam, was für ein Unterschied das ist. Nur die Betroffenen spüren ihn. Auch intensive Einfühlung vermag diese Schranke des Betroffenseins nicht zu durchbrechen.

Noch einmal durften wir am Beerdigungstag am offenen Sarge stehen. Ich konnte mich nicht trennen vom Anblick dieses Kindes. Liebevolle Hände hatten sie aufs schönste in Blumen gebettet. Keine Braut hätte schöner geschmückt sein können als sie.

Dieses Antlitz! Diese entrückte Hoheit darin!

«Enthoben», dieses Wort wurde mir in diesen letzten Minuten vor ihrem Anblick geschenkt. «Du bist der Erde enthoben und damit allem Leid, allem Weh, allem Kummer. Eine Hand hat dich aufgehoben, weggenommen...»

War dies der erste Tropfen Trost, der in mein Herz fiel? Es war nicht der letzte.

Mein Mann zog mich weg vom offenen Sarg. Das tat weh. Ich hätte die Zeit und die Umgebung davor vergessen können. Vielleicht wäre ich dabei erstarrt und selbst gestorben. Etwas in mir wünschte sich das.

Aber es wurde mir nicht erlaubt. Am liebsten hätte ich mich gegen die Hand, die mich wegzog, gewehrt und meinem Herzen durch Schreien Luft gemacht...

In den harten Bänken der Friedhofskapelle erhielt ich Hilfe in meinem Jammer. Ein Freund unserer ältesten Tochter und dessen Frau spielten einen Bachsatz als

Geigenduo zur Orgel. Diese Tonfolgen sind bis zu meinem Lebensende geprägt von dem, was sie mir in diesen Augenblicken gaben. Sie nahmen das am Sarg geschenkte Stichwort auf: Enthoben, aufgenommen, emporgetragen... Die immer wieder neu ansetzenden Bogen der Melodie rissen mich aus der Erdgebundenheit meines Jammers hinaus, dorthin, wo kein Tod mehr ist.

Wo war das?

Unser Freund, der die Feier leitete, war ein Mensch, der selbst durch viel Leid und Mühsal gegangen ist. Er beugte sich mit uns unter der Härte des Schlages, der uns getroffen hatte.

«Schwer fällt es dem Prediger, der nicht dasselbe durchzustehen gezwungen ist wie Ihr, Euch zu trösten. So mögen, statt die meinen, Psalmworte zu Euch sprechen: ‚Herr, wes' soll ich mich trösten? Ich hoffe auf dich', und ‚Was betrübst du dich, meine Seele, und bist so unruhig in mir? Harre auf Gott, denn ich werde ihm noch danken, daß er mir hilft mit seinem Angesicht.'»

Seine Worte gingen noch nicht in mich hinein. Erst später erwiesen sie sich als Fingerzeig und Trost. Jetzt waren wir alle, die da in den vordersten Bänken unter der Kanzel saßen, innerlich beansprucht von der schweren Arbeit, diesen Tod als Tatsache anzunehmen.

Die Erfahrung des Todes mitten im eigenen Leben ist eine Forderung, die bis an die Wurzeln unseres Seins geht. Die Art, wie wir den Tod in unser Leben aufzunehmen vermögen, entscheidet über vieles für den Rest unseres Daseins. Das wußte ich damals noch nicht.

Dann standen wir am offenen Grab. Unser Kind wurde in die Erde gebettet. In mir schrie eine Stimme zum Himmel, sie schrie, schrie...

Plötzlich wurde mir bewußt, daß jemand in unserem Kreise fehlte. Der am unmittelbarsten Mitbetroffene. In welchem Jammer mußte er stecken, überschattet noch durch das Gefühl von Schuld! Sein Platz war neben uns, ganz nahe am offenen Grab. Ich schaute auf und erblickte ihn jenseits, in einigem Abstand am Rande der Trauergemeinde. Dort stand er wie verloren zwischen seinen Eltern.

Ohne weitere Überlegung ging ich über den Rasen zu ihm hin und zog ihn an der Hand in unsern Kreis. Er teilte unsern Verlust wie keiner sonst, er gehörte zu uns, den unmittelbar Betroffenen.

Von den am Grab gesprochenen Worten weiß ich nichts mehr. Sie blieben nicht in mir haften.

Es streckten sich uns an diesem Tage viele Hände und Herzen entgegen. Manches gute Wort wurde gesagt, viel ehrliche Teilnahme geäußert. Wir fühlten uns von Liebe umgeben. Gleichzeitig erschütterte mich der Gedanke, wie wenig all das nützte. Nichts und niemand konnte etwas ändern an der Tatsache, daß wir es waren, die mit diesem Verlust fertig werden mußten. Keine noch so liebreiche Menschenhand konnte uns auch nur im geringsten die Trauer ersparen.

Die Betroffenheit verband uns, meinen Mann, die erwachsenen Kinder und unsere Nächsten. Doch alle rangen mit ihrer eigenen Not. Keines konnte dem andern entscheidende Hilfe sein. Zwar trugen wir die Last des Geschehenen gemeinsam. Aber jedes mußte für sich selbst den Weg suchen, wie es damit umzugehen hatte.

Die Zeit danach

Wie manchen Tag brauchte ich, um mich in unserem so jäh veränderten Alltag wenigstens äußerlich zurechtzufinden? In der ersten Zeit nach der Beerdigung «funktionierte» ich noch nach dem eingespielten Muster der vergangenen Jahre. Rückblickend war mir zum Beispiel völlig unverständlich, daß ich während dieser Zeit sogar an der Jahrestagung einer Gesellschaft teilnahm, als deren Mitglied ich mich vorher dazu angemeldet hatte.

Ich war wie zweigeteilt. Innerlich unentwegt um dasselbe Thema kreisend, erfüllte ich äußerlich fast automatisch die gewohnten Pflichten inner- und außerhalb des Hauses.

Das Wasser der Trauer hatte seinen Höchststand noch nicht erreicht. Es stieg und stieg, immer neue Bereiche meines Lebens gingen darin unter.

Als die eine der Töchter zurück an ihre Arbeit mußte, begleitete ich sie und hatte Mühe, mich von ihr zu trennen. Bei der andern Tochter, deren Freund für einige Zeit abwesend war, blieb ich einige Tage, fast wie auf der Flucht vor dem Haus daheim, das mir so furchtbar leer erschien. Daß ich dabei meinen Mann allein ließ, ging mir erst nachher auf. Er hatte mehr noch als ich seine außerhäuslichen Berufspflichten wieder aufgenommen und «funktionierte» mehr oder weniger reibungslos. Heute weiß ich, daß es eine Täuschung war. Seine Trauer, die er in dieser Zeit nicht voll zuließ, schlug sich in einem körperlichen Leiden nieder, das erst viel später zum Ausbruch kam.

Unser leeres Haus – war es nicht schon vor dieser abrupten Veränderung, wenigstens über Tag, meist leer gewesen? Nicht nur waren «die Großen» längst ausgeflogen, auch Markus, Ruth und Peter waren über Tag kaum je daheim. Oft nicht einmal an den Wochenenden. Doch diese neue Leere empfand ich als von ganz anderer Art als die bisherige. Daß Kinder weggehen und wieder heimkommen, ist eine tausendfältige, elterliche Erfahrung. Weggehen, ohne je wieder zurückzukommen – das war bestürzend neu für uns. Da brach eine gewohnte Erfahrung ab, wie ein Felsen abbricht und sich ein Abgrund öffnet.

Doch der Alltag holte mich ein. Daheim gab es kein Ausweichen. Ich mußte der Tatsache standhalten, daß Ruths Schritte nie mehr hörbar wurden, wenn sie heimkam. Nie mehr sollte diese Stimme zu hören sein, die ein solches Spiegelbild ihrer Stimmungen sein konnte, von jubelnd hell bis zu grollend dunkel.

Nie mehr. Es war unfaßbar.

Wie oft mußte ich mitten in einer Verrichtung plötzlich stillhalten, mich hinsetzen und dieses harte Wort «nie mehr» ins Auge fassen. Immer noch versuchte ein Teil von mir hartnäckig dazu den Kopf zu schütteln.

Wir haben mit jedem unserer großgewordenen Kinder auf unterschiedliche Weise schwierige Jahre erlebt. Dabei lernten wir, dankbar zu sein für jeden heil und friedlich überstandenen Tag.

«Ermessen, in welche Tiefe man geworfen wird, wenn dieses kleine, persönliche Heilsein zerschlagen wird, das kann keiner, bis er es an sich selbst erlebt», schrieb ich in diesen ersten Tagen nach der Beerdigung in mein Tagebuch, dem ich von nun an mehr und mehr folgen werde. «Dazu reicht menschliches Vorstellungsvermögen einfach nicht aus. Keiner reißt sich selbst auf bis in die Herznähe, keiner amputiert sich ein Glied, um zu erfahren, wie weh das tut. Es ist uns geschehen.

Es geschieht täglich Tausenden...»

«Wie sind doch Worte so arm, wenn man ausdrücken will, was Schmerz ist, solcher Schmerz! Allein dieses tägliche Erwachen. Immer wieder neu vor der Tatsache zu stehen, daß dieses Kind nie mehr an unserem Tische sitzen wird, nie mehr auf seiner Flöte spielen wird...»

«Erinnere dich aber auch daran», ermahnte ich mich selbst in meinen Tagebuchaufzeichnungen, «wie Ruth über manchen Rat, über manche Bitte lächelnd hinwegging, einfach ignorierte, was ihr nicht paßte. Wie unbekümmert erledigte sie auch die Aufgaben ihrem Hund gegenüber, die wir als Pflichten empfanden und wohl nur zu ernst nahmen. Wie selbstverständlich rechnete sie damit, daß wir Ohren hatten für ihre Wünsche und Bedürfnisse. Es gab allerdings wenig Grund, ihre Bitten abzuschlagen. Sie waren selten unvernünftig.»

Doch, es kam auch vor. Fast probeweise. Wollte sie nicht mit Kolleginnen und Kollegen aus der Kunstgewerbeschule in den Frühlingsferien einen Trip nach Nordafrika unternehmen? Wir hörten uns den Plan an – und sagten nein. Ein paar Tage lang war Ruth verstimmt und unfreundlich. An einem Sonntagmorgen beim Frühstück sagte sie ein wenig trotzig, ein wenig herausfordernd: «Wenn ihr wenigstens einen akzeptablen Grund für euer Nein angeben könntet!» Mein Mann und ich schauten uns an – wer konnte, wer wollte unsere verschiedenen Gründe in Worte fassen, daß sie das wurden, was Ruth forderte: Akzeptabel?

Schließlich sagte ich: «Weil du für uns ein geliebtes, kostbares Menschenkind bist, das wir nicht mit uns Unbekannten in uns fremde Weltgegenden ziehen lassen möchten, solange du nicht erwachsen bist!»

Hatte ich für einmal das richtige Wort getroffen?

Sie akzeptierte es jedenfalls, ja, es war, als hätte sie genau das hören wollen. Der Nordafrikaplan kam nachher nie mehr zur Sprache.

Es war damals noch nicht lange her, daß ich die Sechzehneinhalbjährige bei einer Mahlzeit mit ihr allein gebeten hatte, mit Vater und Mutter ein wenig Geduld zu haben. Wir seien noch nicht soweit, sie ganz aus den Kinderschuhen zu entlassen. Sie fiel mir damals lachend um den Hals und sagte: «Nehmt euch nur Zeit dazu!»

Aus ihren Tagebüchern, in denen sie abends vor dem Einschlafen mit großer Regelmäßigkeit ihre Gedanken niederschrieb, bekam ich nachträglich zu verstehen, wie selbständig sie sich schon gefühlt hatte. Sie berichtete uns viel von ihrem Erleben, aber längst nicht alles. Wir erhoben auch nicht den Anspruch darauf, sondern respektierten, daß jeder Mensch Anrecht auf sein Eigenstes, sein Geheimnis hat. Ihre Tagebücher hüte ich heute noch wie einen Schatz. Nur zu Beginn der Trauerzeit las ich darin. Da nahm ich alles, was ein Stücklein ihres Lebens enthielt, begierig in mich auf. Es geschah jedoch nur zwei- oder dreimal. Dann schloß ich die Hefte mit den oft erregten, fliegenden Schriftzügen als Zeugnisse von etwas, das zu wissen mir auch nachträglich nicht zustand.

Ein Brieffreund Ruths berichtete mir, sie hätte ihm in den letzten Wochen vor dem Unglückstag einmal geschrieben: «Ich bin eigentlich ganz glücklich jetzt, und meine Welt ist wieder in Ordnung.»

Oft hat sie mich gebeten, ihr abends nach dem Löschen des Lichts noch eine Melodie auf dem Klavier mit in den Schlaf zu geben. Ein Adagio von Beethoven, an dem ich gerade übte, liebte sie besonders. Immer wieder wollte sie auch Bachs «Jesu, meine Freude...» hören. Dann tönte jeweils ihr «Danke, Mutti!» durchs Haus, bevor es still wurde.

Wie in so vielen Familien war Zärtlichkeit bei uns nicht an der Tagesordnung. Zwar ging gerade eine Bewegung gegen die Steifheit und für mehr Zärtlichkeit durchs Land. Aber Ruth gegenüber hatte ich diesen Anstoß nicht nötig.

«Wie oft bewegte mich Liebe und Zärtlichkeit zu diesem Kind», schrieb ich kurz nach ihrem Tod in mein Tagebuch, «vielleicht oft durchmischt mit Bangigkeit und Sorge dazu, spät abends nochmals an ihr Bett zu treten und sie zu küssen. Mein liebes Kind, behüt dich Gott, flüsterte ich dann wohl hörbar oder stumm. Ich wußte und spürte es: Ruth war daran, Erfahrungen zu machen und zu verarbeiten, die eigentlich für später vorbehalten sein sollten. Mit sich selbst, mit ihrer nähern Umgebung und ihren Freundschaften, aber auch mit der Fülle all des Fremden unterwegs und in der Schule, mit dem der Tag sie konfrontierte.»

Immer wieder kam es zu Gesprächen über Gott und die Welt, die oft ans Lebendige rührten. Menschliche Nöte, denen sie begegnete, vor allem aber jede Grausamkeit Menschen und Tieren gegenüber stürzten sie in Verzweiflung.

Ein solches Gespräch wird mir immer in Erinnerung bleiben. Wir hatten in den Nachrichten des Fernsehens von Krieg und Terror gehört und Bilder hungernder Kinder gesehen – fast zuviel für ein empfindliches Gemüt. «Gibt es denn wirklich keinen Ausweg aus diesem menschlichen Schlamassel, diesem ewigen Hin und Her von Krieg und Vergeltung?» fragte sie gequält.

Auf diese uralte Menschheitsfrage hatte ich nach langem Suchen, Fragen und Zweifeln eine für mich gültige Antwort gefunden, die Konsequenzen hat: «Wer dreinschlägt, provoziert Gegenschläge. Der Stärkere besiegt den Schwächeren. Aus Haß und Rache entsteht der nächste Zusammenstoß. So ist die Menschheitsgeschichte eine Geschichte von Kriegen. Da mußte einer kommen, der zu zeigen vermochte, daß das nicht bis in alle Ewigkeit so bleiben muß. Er lehrte, daß man auch die andere Wange hinhalten soll, wenn man geschlagen wird. So allein wird die Kette von Schlag und Gegenschlag unterbrochen. Sein Verzicht auf Macht führte ihn ans Kreuz. Sein Leben und seine Lehre zeigen für mich den einzigen Weg auf, der aus der Verlorenheit des Bösen hinausführt: Gott lieben von ganzem Herzen und den Nächsten wie sich selbst.» Das versuchte ich an jenem Abend als Antwort auf Ruths Frage in stockenden Worten vorzubringen. Ruth war danach eine Weile sehr still. Dann atmete sie tief auf und sagte: «Ich glaube, das ist die Antwort. Jetzt ist mir aufgegangen, was Jesus für die Welt bedeutet. Und was er auch für mich bedeuten kann!»

Dieser Ausspruch und jener andere, nach einem aufwühlenden Film hervorgestoßen: «Ach Mutti, wenn ich doch nur glauben könnte!» verrät etwas von ihrer inneren Ausrichtung.

Einmal hielt ich im Tagebuch ein Gespräch zwischen Ruth und ihrem Freund fest, das in meinem Beisein geführt wurde. Darin versuchte sie ihm zu erklären, warum sie sich entschlossen hatte, sich für weitere vier Jahre auf die Schulbank zu setzen und zu lernen: «Ich muß die Zusammenhänge erkennen lernen zwischen all den Problemen auf dieser Welt. Vielleicht kann ich dann eines Tages meinen Teil dazu beitragen, daß etwas besser wird...»

«Und nun ist dieses Leben abgebrochen», steht wenig später da. «Warum nur, warum? Tausend Fragen huschen wie Schatten um mich herum.

Nahmst du, Herr über Leben und Tod, sie weg, weil du sie bewahren wolltest – wovor?

Sicher bewahrt ihr Tod sie vor unendlich vielem – aber mit ihm wird ihr auch das vorenthalten, was an Schönheit und Glück darin enthalten gewesen wäre.

Oder – wird ihr mehr und Besseres geschenkt? Wo sind nun dieser Lebensfunke, dieser Geist, diese Liebesfähigkeit, all die Wärme, die von ihr ausgingen? Keiner kann diese Fragen beantworten. Es bleibt uns nur der Glaube daran, daß du hinaufgehoben bist auf eine ganz andere Ebene, zu der wir keinen Zugang haben. Der einzige Trost, von dem Linderung ausgeht, ist die Vorstellung von Gottes Hand, in der Leben und Tod nahe beieinander sind. Ruth ist im Unvergänglichen, wir sind noch im Vergänglichen. Beide sind in Gottes Hand. Darin sind wir einander nahe. Daß es ein Wiedersehen gibt, daran möchte ich glauben lernen. Aber das Wie liegt so weit jenseits unserer Vorstellungskraft, daß ich aus dieser Hoffnung kaum Trost zu schöpfen vermag.

Oft will sie mir auch ganz entfallen. Doch dann wird es so finster um mich, daß ich kaum Luft zum Atmen finde.

Tatsächlich, an Gräbern lernt man glauben. Es wird zur schieren Lebensbedingung. Wem dieser Fluchtweg, diese erlösende Zuflucht, nicht offensteht, für den muß Trauer eine ausweglose Finsternis sein. Wo geht er mit seiner Verzweiflung, seiner Wut und seinem Groll über den Schlag eines blinden Schicksals hin? Es sind zerstörerische Kräfte, über die wir nicht selbst gebieten können.

Auch für die, die diese Zuflucht haben und sich an einer Hoffnung übers Grab hinaus festhalten können, ist Trauer um einen weggegangenen Menschen schwer genug.»

Tagebucheintragungen

12. JUNI

Nun lerne ich sie doch kennen, diese Verzweiflung!

Wer auf der Suche nach dem Sinn eines Unglücks nirgends Antwort findet, auch nicht den Schimmer einer Antwort, der kann sich vorkommen wie ein Wurm auf der Straße, über den hinweg «das Leben weitergeht». Er wird zertreten. Er ist ein Nichts.

In mir ist offenbar zu wenig Glaube und Ergebenheit, als daß mir der Weg in die Verzweiflung, in diese äußerste Gottesferne erspart bleiben könnte.

Ich bin der Wurm, der vom Leben zertreten wurde.
Vielleicht ist das die unterste Talsohle der Trauer. Ein inneres Ende. Und ich soll weiterleben? Wie nur? Wer kann mir da heraushelfen? Ja, will ich mir überhaupt helfen lassen?

13. JUNI, MORGENS

Ich habe nicht viel geschlafen in dieser Nacht. Aber mir ist geholfen worden. Wie durch ein Wunder wurde der zertretene Wurm aufgehoben und geheilt.

Habe ich ja gesagt zu dieser Hilfe, oder ist sie mir ohne eigenes Zutun einfach zugekommen? Ich habe den Widerstand, den ohnmächtigen Zorn auf das Geschick aufgegeben. Das ist es wohl. Dann waren es Engelshände, die mir aufhalfen.

Vielleicht kann ich nach dieser Erfahrung glauben. Glauben daran, daß hinter dem scheinbar Sinnlosen ein Sinn steht, den wir nur noch nicht zu erfassen vermögen, weil unsere Augen, unsere Sinne nicht dafür taugen.

Ich muß lernen, mich tragen zu lassen von einer Kraft, die nicht die meine ist. Ist es, wie Paul Gerhardt es in einem seiner Lieder sagt?

> Sein Heil und Gnaden,
> die nehmen nicht Schaden,
> heilen im Herzen die tödlichen Schmerzen,
> halten uns zeitlich und ewig gesund.

Mein Mann hat meine tiefe Düsternis gestern nacht mitgetragen. Nun muß ich ihn auch an der erfahrenen Hilfe teilhaben lassen.

14. JUNI

Ich versuche wieder zu lesen. Die Bücher, die ich vor dem 1. Juni auf meinem Tisch liegen hatte, interessieren mich im Augenblick nicht mehr. Ich bin in ein anderes Zeitalter eingetreten. Ich versuchte zwar, an vorher anzuknüpfen und darin zu lesen. Aber immer wieder bricht aus einer Ritze des Bewußtseins das brennende Wasser der Trauer auf und schwemmt die andern Gedanken weg.

Was ich zu lesen vermag, wonach ich hungrig Ausschau halte, das sind die Berichte anderer, die denselben Weg durch Tod und Trauer gehen mußten. Nicht nur kann ich ihre Lage fast bis in die kleinste Einzelheit mitempfinden – ein Stücklein weit kann ich auch mitgehen, wenn da berichtet wird, wie Frauen oder Männer langsam wieder Boden unter die Füße gewinnen, sozusagen aus dem Wasser der Trauer auf festes Land zurückfinden. Wer weiß, ob da oder dort auch Trittsteine für mich zu finden sind?

Es gibt noch keine Stunde, in der mein Schmerz sich still verhält. Am schlimmsten ist das Erwachen am Morgen. Ich habe einen innern Ort gefunden, an den ich mich abends spät zum Schlafen begeben kann. Ich stelle mir konkret vor, daß ich mich in eine schützende

Hand hineinlege. Es ist die Hand, die mir aufgeholfen hat in meiner äußersten Not. Die Hand, in der Leben und Tod ganz nahe beieinander sind. Dort fühle ich mich «nur wie durch einen Schleier» von unserem weggegangenen Kind entfernt. So nah seien sie uns, hat mir ein lieber, weiser Mensch gesagt. Doch – das Erwachen! Noch immer ist es ein neuer Schrecken, ein neuer Rückfall ins bittere «Warum?».

Immer wieder die Versuchung, den Stimmen in mir Raum zu geben, die das Geschehene nicht annehmen wollen, die nicht aufgeben, dazu nein zu sagen.

Ich bin oft wirklich zweigeteilt: Der Geist, so scheint mir, hat sich trösten lassen, er hat die tiefste Tiefe der Trauer hinter sich. Aber da ist ein anderer Teil in mir. Ich nenne ihn die Kreatur. Sie ist nicht vom Ort zu bewegen und verharrt im Nein. Sie verhält sich wie eine Kuh, die nach ihrem Kalb schreit, eigensinnig, unbelehrbar, untröstlich.

Sie braucht mehr Zeit, um den Verlust anzunehmen, viel mehr Zeit. Da ist ja diese seelische Wunde der gewaltsamen Lostrennung, an der dieser Teil in mir leidet bis zum körperlich fühlbaren Schmerz. Ich bin zweigeteilt und doch nur eins. Ich muß beiden Teilen Rechnung tragen. Zeit brauche ich, viel Zeit.

15. JUNI

Heute haben wir Ruths Grab bepflanzt. Die Freundin, die sie wenige Stunden vor dem Unfall noch besucht hatte, half mir. Mit meinem Mann zusammen hatte sie vorher die Kränze und verblühten Blumen weggeräumt und die Erde vorbereitet. Sie trauert um Ruth fast wie eine Mutter.

Dieses Grab! Was ist das eigentlich für ein Ort? Ruth ist doch nicht da! Wurde mir nicht das Wort «enthoben» geschenkt, hier ganz nahe, in der Friedhofskapelle? Enthoben in eine andere Wirklichkeit, die unserem Zugang verschlossen ist. Hier in der Erde ist sie nicht!

Aber die Kreatur in mir meldet sich: Doch, da in der Erde ist sie, diese liebliche Gestalt, diese Menschenblume! Beides ist wahr. Auf welche Stimme soll ich hören?

16. JUNI

Heute haben wir langjährige Freunde getroffen. Ihre Kinder waren ein wenig die unsern, unsere Kinder ein wenig die ihren. So tragen sie auch das Leid mit uns. Aber genau da empfinde ich die Trennungslinie als besonders scharf. Die Linie, die sich zwischen den unmittelbar Betroffenen und den «nur» Mittragenden zieht. Bei ihnen ist das Leben weitergegangen. Bei mir ist es stehen geblieben. Mit mir ist noch kein «normales» Gespräch möglich. Ich klebe fest an dem einen Thema und komme nicht davon los. Für andere ist das in diesem Maß offenbar schwer begreiflich und fast ein wenig peinlich.

Überhaupt meinen die Leute, Nachbarn, Bekannte, Freunde, man müsse im Gespräch mit mir um jeden Preis einen möglichst weiten Bogen um dieses eine Thema machen.

Das Gegenteil ist der Fall! Ich möchte nur von diesem einen reden, von diesem Menschen, diesem Unglück, von der Zumutung, daß wir nun ohne diesen kostbaren Teil unseres Lebens auskommen müssen. Ich habe wohl bemerkt, wie peinlich meine wechselnden Gegenüber davon berührt sind. Fürchten sie sich vor dem Reden vom Tod?

Diese Reaktion der meisten läßt mich verstummen. Ich will niemand belästigen mit meinen Gedanken. Umso nötiger habe ich es, meine Gedanken und Gefühle niederschreiben zu können. Ich weiß nicht, was ich ohne dieses Ventil anfangen sollte.

Es ist damit wie mit dem Gehen. Schreiben und Schreiten tun mir den gleichen Dienst. Darin ist mir eine Hilfe gegeben. Wer gibt sie?

17. JUNI

Mein Mann vermag scheinbar reibungslos «zur Tagesordnung» überzugehen. Kaum, daß er in dieser Zeit auch nur einen beruflichen Termin absagte. Er steht schon wieder fest in seinem Berufsalltag. Wie kann er das? Braucht er nicht auch Zeit, um den Verlust zu verarbeiten? Er ist sehr geduldig und liebevoll mit mir. Bin ich mehr betroffen als er? Offenbar erleben Männer

Trauer anders als Frauen. Und Väter sind ja auch keine Mütter. Für Mütter ist es gewiß am schwersten.

Bei unsern Töchtern finde ich am ehesten ein Echo auf meine Gedanken. Auch sie sind zwar wieder voll eingespannt in ihren Beruf und «funktionieren» wieder mehr oder weniger reibungslos. Aber sie sind, wie ich, vom Leben Verletzte, die zugeben, daß sie daran leiden. Ich bin froh um jedes Gespräch mit ihnen.

Markus ist sehr verschlossen. Er erlaubt sich keine Gefühlsregung, nichts. Manchmal scheint mir, er ärgere sich, wenn er solche bei mir feststellen muß.

Ich habe keine Wahl. Ich kann der Trauer nicht entgehen. Ich muß sie durchstehen. Durchstehen? Heißt das, sie gehe vorbei? Ich will nicht, daß sie vorbeigeht!

Das würde doch heißen, daß wir das Andenken an das fehlende Glied der Familie in den Hintergrund entlassen, es verblassen ließen! Das darf nicht sein!

Woher nur kam mir der Zettel in die Hände, auf dem die imperative Forderung steht: No self-pity – Kein Selbstmitleid. Mich trifft es, dieses Wort. Auch der Spruch geht mich an, den ich schon lange im Gedächtnis trage und den ich nun bei mir bewahrheitet finde: Wenn man weint, weint man immer auch über sich selbst. Ich weine, weil man mir etwas Kostbares nahm. Ich weine vor Schmerz an der Wunde, die mir geschlagen wurde. Ist Selbstmitleid hineingemischt?

Dann kann ich es nicht ändern.

Diesem Leid gegenüber ist mein Wille machtlos.

18. Juni

Ich müsse einfach den Punkt finden, an dem das, was wir jetzt erleben, aus dem entstand, das vorher war, sagte ich heute zu meinem Mann. Diesen Umschlagpunkt.

«Ändert das etwas?» fragte er mich. Nein, es ändert nichts, da hat er recht.

Und wieder stehe ich vor der Wahl zwischen Auflehnung und Ergebung.

Wenn ich im Nein verharre, stehe ich in eisiger Kälte. Ich vermag das Nein nicht auszuhalten. Und doch kann ich einfach noch nicht gänzlich ja sagen.

Hilf mir, Gott, zu glauben, daß das, was geschah, nicht von einem gleichgültig zuschlagenden Schicksal, sondern von dir kam. Von einer Weisheit und Liebe, die wir nur noch so gar nicht verstehen können.

Wenn ich daran festhalte, daß das, was unsere Welt zusammenhält, was sie trägt und erhält, Liebe ist, dann muß auch das, was unser Denken und Verstehen übersteigt, Liebe sein. Alles? Das unendliche Leid, das ständig verursacht und gelitten wird, hier und rund um die Welt – alles?

Bin ich mit dieser Frage nicht genau dort, wo Millionen von Menschen sind, die sagen, an einen Gott, der so viel Leid zulasse, könnten sie nicht glauben?

Da kommt mir eine unvergeßliche Szene in Willy Kramps Buch «Brüder und Knechte» in den Sinn. Dort ging mir auf, daß die brennende Sehnsucht nach dem

Wort, das das Geheimnis der Welt entschlüsselt, zum Menschsein gehört. In einem Moment äußerster Prüfung klammert sich dort ein Mensch wider allen Augenschein an Gott und seine Liebe. «Die obere Welt kann nur geglaubt werden mit der letzten Kraft des Herzens und in der Kälte des Zweifels», stellt der Autor fest.

Da stehe ich jetzt.

Um zu glauben, daß Ruths Tod ein Akt der Liebe war, brauche ich alle Kraft des Herzens und muß die Kälte des Zweifels aushalten.

Wenn ich es glauben kann, daß dort, an diesem eisernen Zaun, der Ruths Leben zerstörte, Deine Liebe waltete, unbegreiflicher Gott, dann vermag ich wieder zu atmen, zu leben, statt unter einem lähmenden Schock zu vegetieren wie jetzt.

Ich glaube, Herr, hilf meinem Unglauben!

19. JUNI

Wir möchten so gerne einen allmächtigen Gott. Dann wüßten wir doch, wem man all das Leid auf der Welt in die Schuhe schieben könnte!

Verursachen wir nicht ungeheuer viel Leid in eigener Regie? Auch unser Leid ist menschengemacht. Es kam aus menschlicher Schwäche, aus der Verlockung zur Geschwindigkeit zustande, aus dem, was der Mensch so gerne «Freiheit» nennt.

Wird alles Leid auf der Welt so verursacht: Durch Gründe, die in den Menschen selbst liegen?

Du, Gott, hast es zugelassen, daß dein Sohn ans Kreuz genagelt wurde. Du tatest es, weil es zu unserem Heil nötig war. Lässest du alles Leid zu, das wir selber verursachen, weil daraus etwas erwächst, das für uns nötig ist? Dann wärest du eben nicht der Deus ex machina, der am Schaltpult aller Macht sitzt, sondern der, der mit uns leidet, der in allem Leid mit drin ist – und der schließlich Leid in Heil verwandelt?

Mich schaudert beim Gedanken, wie sehr wir Menschen einander Leid antun. Gewollt und ungewollt. Erst unter eigenem Leidensdruck vermag man das zu erkennen. Wie erst müßtest du, Gott, die ungeheure Summe des Leids erleiden! Hinter dem Leid steckt die Schuld. Sie kann erdrücken, wenn man sie entdeckt. Darum wohl hat Jesus seine Jünger gelehrt, täglich um die Vergebung von Schuld zu bitten. Langsam verstehe ich, daß zwischen Schuld und Vergebung das Kreuz als Zeichen der Versöhnung stehen muß.

22. JUNI

Ich bin am schwersten Werk meines Lebens. Das Jasagen will und will mir nicht gelingen.

Im Traum habe ich dich, Kind, letzte Nacht bei deinem Namen gerufen. Du bist im Schlafen und im Wachen in meinen Gedanken. Viel anderes hat daneben nicht Platz.

Ich gehe oft in dein Zimmer. Es ist noch so, wie du es verlassen hast.

Als ich heute dort war, fiel mir ein Zettel auf, den ein Windzug vom Tisch geweht hatte.

Es ist das Fragment eines Gedichts, in flüchtiger Schrift, die die innere Bewegung ausdrückt, auf herausgerissenes Heftpapier gekritzelt. Kaum, daß ich die Worte entziffern kann.

Was ich zu lesen vermag, erschüttert mich: Da steht nichts als Klage über all das Müssen, das dir auferlegt war. Du klagst über dich selbst, über uns, über das Böse in der Welt...

Dein Empfindungsreichtum machte dich rundum verletzlich. Aber in dir war so viel Kraft. Nicht auszudenken, was daraus hätte werden können. Nun ist dein Leben nur wie eine vielversprechende Skizze. «Die Skizze zeigt den Strich eines Meisters oft deutlicher als das fertige Werk», stand heute im Brief eines teilnehmenden Freundes.

23. JUNI

Heute ein Brief unserer Rosenfreundin jenseits der Alpen. Sie bietet uns eine Ferienwohnung an. Können wir überhaupt je wieder am Langensee Ferien machen?

Ilses Angebot berücksichtigt diese Frage. Die angebotene Wohnung liegt in einem uns unbekannten Gebiet, weit hinten in einem Tal.

24. Juni

Was für ein Glück, daß Esthers Freund ein begabter Fotograf ist und auch Ruth immer wieder fotografiert hat. Sonst hätten wir kaum Bilder von ihr. Ich finde es seltsam, daß mich dein Anblick, Ruth, freut, wo immer ich deinen Bildern begegne. Sie könnten mir ja auch wehtun.

Weh tut genug. Wie eine Wunde an Körper und Seele erlebe ich dein Wegsein, Kind. Dein unbegreifliches Nicht-mehr-Zurückkommen. Das Verklingen deiner Schritte, deiner Stimme. Ich will nicht vergessen, wie es knisterte, wenn der Wind dir durch die Haare fuhr, wie diese Augen strahlen, wie dieser Mund lachen konnte. Jedes Bild hält einen Schimmer der Wärme fest, die mir aus deinem Gesicht entgegenkam.

Falsch, korrigiert eine Stimme in mir. Es hält nichts fest, es ist doch nur Abbild... Aber ich bin froh, daß ich diese Abbilder besitze.

Die Leute sagen, es sei gut, daß der Alltag an Trauernde Forderungen stelle. Wer ist es, der das sagt? Ganz gewiß nicht die, die selbst schon getrauert haben. Sie sollen nicht von etwas reden, das sie nicht verstehen...

In mir wehren sich alle Kräfte dagegen, den Alltag Platz ergreifen zu lassen. Ich will dem Vergessen keinen Raum geben. Vergessen – dieses geliebte Stück Leben? Wie könnte ich das?

26. Juni

Allem innern Wehren zum Trotz: Ich spüre, daß du dich entfernst, Kind, wie das Gefühl deiner Gegenwart langsam vergeht. Oft meine ich, es nicht ertragen zu können. Es ist gut, daß ich mit Ami täglich weite Wege gehen kann.

Bin ich in Gefahr, mich den heilenden Kräften, die sich meiner Herzenswunde annehmen wollen, zu widersetzen?

Bin ich wie Lots Frau, die beim Zurückschauen erstarrt ist? Manchmal spüre ich, daß ich mich wieder den Menschen um mich herum zuwenden müßte. Aber die Kraft fehlt mir dazu.

Mein Mann arbeitet. Kaum, daß man ihm etwas anmerkt von der Mühsal der Trauer. Gottlob ist er geduldig mit mir.

27. Juni

Urs kommt manchmal mit mir auf den Hundespaziergang. Er ist fast alle Tage bei uns.

Wir sprechen nicht viel. Was gäbe es auch zu sagen? «Es ist nicht wahr, es darf nicht wahr sein, es kann nicht wahr sein», soll Urs unzählige Male geflüstert, gebettelt, geschrien haben, als er am ersten Juni vor dem Operationssaal auf den ärztlichen Befund wartete. Ob er auf ein Wunder hoffte? Er hatte ja den letzten Hauch, der über die Lippen der Verunglückten kam, im Krankenwagen miterlebt. Aber – es durfte einfach nicht wahr sein!

Welche Bitterkeit für einen jungen Menschen, am Tod eines andern schuld zu sein, schuld ohne einen Schimmer von Absicht, nur aus jugendlicher Unbekümmertheit, der Freude an Bewegung und Geschwindigkeit heraus.

Wie kommt Urs innerlich mit dem Geschehen zurecht? Er findet die Worte nicht, um etwas darüber zu sagen – oder doch nur ganz wenige.

«Alle sagen, das Leben müsse weitergehen, aber niemand sagt, wie!» war eines dieser wenigen Worte.

Hilft es Urs, daß wir ihm keine Schuld anlasten? Wenn wir, die um eine Generation Älteren, auf die bedrängenden Fragen nach Leben und Tod keine Antworten wissen, wie sollte er sie finden? Treiben sie ihn um – oder stellt er sie gar nicht? Verdrängt er sie?

Er muß ja arbeiten und an anderes denken.

Wie macht er das nur?

1. JULI

Heute fragte ich Urs, ob er mit mir zum Grab komme. Er schüttelte den Kopf: «Ich kann nicht!» sagte er mit unsicherer Stimme.

Ich ging allein. Gottlob, das Grab ist für mich fast bedeutungslos. Ich suche Ruth nicht dort. Das Wort «aufgehoben, enthoben» hält mich davon ab. Das bedeutet: sie ist nicht hier! Darauf konzentriere ich mich, wenn ich am Grabe stehe. Meist hält mich das wie ein Netz, das den Akrobaten vor dem Sturz bewahrt. Nur ganz selten entgleiten mir die Gedanken zu dem, was hier begraben liegt.

Heute geschah es. Ich fiel durchs Netz. Ich fürchte, ich tat es willentlich.

Aber das Loch, in das ich stürzte, ist kein Ort, wo man bleiben kann. Es ist ein Ort tiefster Verlassenheit, aus dem man fliehen muß, wenn man am Leben bleiben will. So ergriff ich wie blind das Seil, das mir zugeworfen wurde. Es war das mächtige Jesuswort: «Ich lebe, und ihr sollt auch leben!» (Johannes 14, 19.) Ich mußte innerlich und äußerlich einen langen Weg gehen, bis ich wieder gefaßt heimkehren konnte.

3. JULI

Heute war ich bei Frau Dr. B. Sie ist Ärztin. Aber sie sieht bei ihren Patienten den ganzen Menschen, nicht nur die Krankheit eines Organs. Wenn sie sich Zeit nehmen kann, läßt sie sich in persönliche Gespräche mit ihnen ein.

Sie hat mir heute etwas Kostbares geschenkt: Ruth ist wenige Wochen vor dem Unglückstag mehrere Male bei ihr gewesen. Bei einer dieser Konsultationen seien sie ins Gespräch gekommen. Ruth habe ihr gestanden, sie trage oft schwer an dem, was sie erlebe. In der Schule komme sie mit Drogen in Berührung. Sie habe Angst davor – und vor dem Leben überhaupt.

Die starke Entwicklungsphase, in der sie sich befand, enthielt viele Höhen und Tiefen. In einem Wellental, in dem der Mut sie verließ, habe sie auch schon an den Tod gedacht. Die Ärztin hatte sie an dieser Stelle des Gesprächs an ihre Verpflichtungen dem Leben – und den Eltern – gegenüber erinnert. Ruth habe dazu unwillig den Kopf geschüttelt, dann eine Weile geschwiegen und schließlich gesagt: «Doch, einem Menschen gegenüber habe ich Verpflichtungen.» «Urs?» fragte die Ärztin. «Nein, nicht Urs – Mutti!»
Frau Dr. B. tat noch einen andern Ausspruch, den ich mir aufschreiben will: «Mit siebzehn stirbt sich's leichter als in jedem andern Alter. Junge Menschen zwischen dem Kind- und Erwachsensein schweben sozusagen zwischen zwei Welten. Die Bindung an die eine ist lose geworden und die Befestigung an die andere noch nicht verläßlich.»
Ich verließ Frau Dr. B. seltsam getröstet. Vielleicht wußte sie es nicht einmal.

5. JULI

Heute war ich mit den beiden Töchtern zum ersten Mal bei der Unfallstelle. Mein Mann ist schon früher einmal allein hingegangen. Er kam diesmal nicht mit.
Der verbogene und zerrissene eiserne Zaun ist noch nicht geflickt worden. Er hängt im Leeren und gibt Zeugnis von der Wucht des Aufpralls, der ihn beschädigte. Darunter, in der Wiese, mußte ich mich hin-

kauern und ganz stille sein. Ich hatte es gewußt: Einmal mußte ich der Vorstellung standhalten und das hier Geschehene an Ort und Stelle in mich aufnehmen.

Da ist kein Zeichen im Gras, das davon spricht, daß hier über Leben und Tod eines Menschen entschieden wurde. Kein Blut, nichts.

Ich legte meine Hände auf dieses Stück Erde, das Ruths Blut in sich aufgenommen hat, und ließ den Tränen freien Lauf. Niemand verwehrte es mir.

Dann verließen wir den Ort ohne viele Worte.

Mein Mann hatte Verständnis dafür, daß ich dieses Straßenstück nachher jahrelang lieber mied. Noch heute wende ich mich innerlich ab, wenn wir diese Straße benützen.

6. JULI

Heute sind mein Mann und ich mit Esther in Ilses Wohnung im Süden angekommen. In unserer Nähe haben Elisabeth und ihr Mann eine kleine Wohnung bezogen. Markus und seine Freundin werden später zu uns stoßen.

Unser Haus ist ein echtes altes Tessinerhaus mit dicken Mauern und kleinen Fenstern. Ilse hat die Räume liebevoll wohnlich gemacht.

Das Schönste an diesem Ort ist der ummauerte Hof. Eine seiner Mauern wird von Efeu überwuchert. Auf der andern Seite stehen unter einem Schattenbaum ein Steintisch und eine Bank.

Es ist ein Fleckchen Erde, das große Geborgenheit ausstrahlt, Labsal für Körper und Geist.

Zum ersten Mal seit Wochen war ich heute ruhig und getrost. Unterwegs kam mir in den Sinn, daß heute Ruths und Urs' geplante Reise begonnen hätte, wenn alles nach ihren Vorstellungen gegangen wäre. Gern hatten wir unser Einverständnis dazu nicht gegeben. Es schien uns noch zu früh, ihnen so viel Verantwortung aufzulegen. Aber das meinen Eltern von jungen Leuten wohl immer. Darum hatten wir uns zu Vertrauen durchgerungen.

Es ist nicht nach ihren Plänen gegangen. Es ging nach einem andern Plan, einem, den wir noch nicht verstehen. Aber auch da wird von uns gefordert, daß wir uns zu Vertrauen durchringen.

7. JULI

Heute bekam ich aus einem kleinen Buch, das ich geschenkt erhielt, die folgenden Worte mit in den Tag:

Das Leben ist der Weg des Todes. Es ist die Brücke, die aus dem dunklen Land der Bewußtlosigkeit über die Kluft des Zweifels zur Erkenntnis führt.

FR. W. JACOBS

Durch den Tod sind wir, um es bildlich auszudrükken, lediglich von einem Raum in einen andern, nämlich vom Diesseits ins Jenseits, eingetreten.

FR. W. SCHELLING

8. JULI

Heute morgen überfiel mich bei meiner Tageslese der Argwohn, daß aller Trost aus dem Glauben nichts als reine Gedankenkonstruktion sei. Weil ich der Tatsache dieses Todes nicht standzuhalten vermag, baue ich mir Glaubensbrücken. Weil ich sonst ins Bodenlose fiele, halte ich mich fest am Glauben, daß es eine Liebe gibt, die den Tod und das Leben umfaßt.

Welche Stimme flüstert mir solche Gedanken ein?

Ich kann sie nicht wegschieben, ich muß ihr etwas entgegenstellen.

Gewiß ist nur, sagte diese Stimme in mir, daß das Greifbare am Menschen zu einer abgelegten Hülle ohne eigenen Wert wird, wenn der Lebensfunke es verlassen hat.

Das ist wahr. Ich habe es vor Ruths Anblick erfahren: Das Lebendige, Seele und Geist, sind das Wesentliche am Menschen. Wer anders als Gott allein vermag sie zu geben? Daß sie zum Ursprung zurückfinden, wenn sie das irdische Gehäuse abgelegt haben, ist auch für den zweifelnden Verstand naheliegend.

Will ich mir damit den Glauben plausibel machen?

Schiele ich nach Gewißheiten, nach Wissen und Schauen, wo es um Glauben allein geht?

Etwas macht meinem innern Streit ein Ende. Eine Gewißheit, die über jeden Zweifel erhaben ist: Gott selbst hat uns Menschen eine Brücke zum Glauben gebaut. Er hat seinen Sohn Mensch werden lassen. Sein

Leben, Sterben und Auferstehen sind der unschlagbare Beweis von Gottes Liebe zu uns.

Davor zerstiebt mein Argwohn wie der Nebel vor der Sonne.

9. JULI

Heute hatte ich eine seltsame Begegnung.

Meine Familie zeigte Lust, mit einem Motorboot auf den See hinaus zu fahren. Mir stand nicht der Sinn danach, aber ich ermutigte die andern. Von einer Bank am Ufer winkte ich ihnen zu, als sie abfuhren.

Erst eine Weile später merkte ich, daß eine Frau auf derselben Bank Platz genommen hatte und mit mir die Szene beobachtete.

Sie sprach mich an: «Warum fahren Sie nicht mit Ihrer fröhlichen Gesellschaft hinaus auf den See?» In der Frage lag Verwunderung, als wollte sie sagen, sie wäre dankbar, zu einer solchen Fahrt eingeladen zu werden.

Ich sah sie an und suchte nach einer Entgegnung. Eigentlich ging es sie nichts an. Sollte ich höflich, aber ausweichend antworten?

Da sah ich in den Augen der Frau, die sich durch ihre Sprache als Feriengast aus dem Norden ausgewiesen hatte, ehrliche, menschliche Neugier. Sie schien an einer wirklichen Antwort interessiert zu sein. War da jemand, dem ich von dir, Kind, erzählen durfte?

«Ich vermag einfach noch nicht fröhlich zu sein. Aber ich möchte damit nicht die Fröhlichkeit der andern trüben. Darum bin ich nicht mitgefahren», gab ich schließlich zur Antwort. Dann, etwas unsicherer: «Wir haben vor kurzem unsere Jüngste durch den Tod verloren...»

«Ich sah es Ihnen ja an», sprudelte es aus der Frau. «Ich spüre es geradezu, wenn andere ähnliche Schicksale zu tragen haben! Ich habe dasselbe erlebt wie Sie. Nur liegt es schon einige Jahre zurück. Und – es war unser einziges Kind. Und nun ist vor kurzem auch noch mein Mann gestorben...» Sie rückte näher und fragte teilnehmend, was für Umstände zu unserem Verlust geführt hätten.

Ich erzählte – und erzählte.

Da war jemand, der wußte, wie es war. Zwar ein völlig fremder Mensch, aber durch ähnliche Erfahrung zur Nächsten, zur Schwester geworden. Was für ein Geschenk des Himmels, sie getroffen zu haben!

Sie nahm den Faden des Gesprächs auf und berichtete von ihrem Erleben. «Es gibt Leute, die sagen, den Lebensgefährten verlieren, sei das Schlimmste, was einem geschehen könne. Gewiß, wenn man es gut hatte miteinander, dann ist es schwer. Es verändert das eigene Leben aufs gründlichste. Man muß wieder lernen, auf eigenen Beinen zu stehen und ohne einen Gesprächspartner zu leben. Das ist eine schwere Aufgabe. Ich bin gerade daran, sie zu lernen. Aber mit dem Schmerz beim Tode unseres Kindes ist es trotzdem nicht zu vergleichen. Kinder sind ein Stück von uns. Sie zu verlieren, ist wie... Amputation. Ehemänner bleiben auch in der besten Ehe ihr eigenes Selbst, eine andere Welt. Kinder sind ein Teil von uns. Sie kommen von Herzen, und sie gehen von Herzen, sagte meine Mutter. Sie mußte es wissen, sie verlor während des Krieges zwei ihrer Kinder.»

Wir saßen nebeneinander auf der Bank am See und hatten völlig vergessen, daß wir nicht einmal gegenseitig unsere Namen kannten. Wir vergaßen auch die Zeit über unserem Gespräch und waren höchst erstaunt, daß das Motorboot mit meiner Familie bereits wieder zurückkam und landete. «Trauer kann keiner hinwegzaubern, sie muß erdauert werden», versuchte die Fremde unser Gespräch zu beenden. «Aber – Sie haben noch so viel behalten dürfen, vergessen Sie es nicht!» ermahnte sie mich, als meine Leute daher kamen. Es lag viel Trauer, vielleicht auch ein Schimmer Neid in ihrer Stimme. Mir fielen die Worte ins Herz.

11. JULI

Ich habe heute in meiner Tageslese zurückgeblättert. Was stand eigentlich dort für den 1. Juni?

«86 400 Sekunden hat der heutige Tag. Soviel Zeit! Aber eine einzige Sekunde genügt, und du kannst nichts mehr tun, du bist nicht mehr da, du bist im Tod, und der ist ewig. Geheimnis des Glaubens, der zwar sieht, daß in einer Sekunde der Tod kommen kann, der aber daran festhält, daß Gott die Ewigkeit des Todes in einer einzigen Sekunde blitzartig durchbrechen wird mit seinem Leben. Davon erhält jede Sekunde dieses Tages ihr Gewicht und ihren Glanz.»

Und am 2. Juni:

«Der Tod ist verschlungen in den Sieg! Der Tod ist tot! Deine Geißel hat ausgequält. Alte Hoffnung, inmitten einer Welt von Tod und Schuld neu formuliert, neu geglaubt. Tod, wo ist dein Sieg? Alte Frage, unter dem Galgen von Jesus von Nazareth zur Antwort geworden, uns heute neu als Hoffnung zugemutet, um glaubend die Antwort festzuhalten – dem Tode zum Trotz.»

Was für Worte! Ich habe sie damals nicht gelesen. Vielleicht hätte ich sie auch nicht aufnehmen können. Jetzt sind sie kraftvoller Zuspruch und ein Zeugnis davon, daß auch andere Hoffnung und Glauben als etwas empfinden, das uns wider allen Verstand zugemutet wird. Ich bin nicht allein!

12. JULI

Es war ein getroster Tag.

Bisher gab es noch keinen ohne den tiefen Fall in die Dunkelheit der Trauer.

Heute vor sechs Wochen, um diese Zeit, kam ich von einer beruflichen Fahrt mit dem Zug in unsere Heimatstadt zurück und telefonierte vom Bahnhof nach Hause. Ich habe den Klang deiner Stimme, Kind, noch in den Ohren, mit welchem du dich meldetest. Es tönte so, wie wenn ein Mensch seine Türe weit öffnet für den andern.

Und erst dein froher Gruß, als ich mich meldete! Ein Strahl von Wärme kam mir daraus sogar durch den Draht entgegen. So viel Unausgesprochenes steckte darin. Etwas wie: Gut daß du da bist. Daß es dich gibt. Daß ich mit dir rechnen kann... Ich möchte mit dir reden, mit dir klagen, mit dir lachen, vielleicht auch mit dir streiten...

Es war das letzte Mal, daß ich dich am Telefon hörte. Vierundzwanzig Stunden vor deinem Tod. Und mich beschlich nicht der Schimmer einer Ahnung!

Später besprachen wir die Tage unserer Abwesenheit, so sorglos, so sicher – und es war das letzte Zusammensein unseres Lebens!

Es ist mir immer noch unfaßbar.

15. JULI

«Du wirst immer genau den Trost erhalten, den du nötig hast. Nur mußt du offen sein dafür!» sagte mir kürzlich eine mütterliche Freundin, die viel Leid durchgestanden hat.

Sind alle guten Gedanken, die mir durch Kopf und Herz gehen, je eine Dosis Hilfe, die mir zukommt?

Woher?

Heute bewegte mich dies: Du, Kind, hast den Schritt vom Leben durch das Tor des Todes, der uns allen bevorsteht, schon hinter dir. Du hast aus dem Vergänglichen ins Unvergängliche, aus der Zeit in die Ewigkeit durchgefunden.

Unüberhörbar meldete sich aber auch diese andere Stimme in mir. Ist es die Stimme der Kreatur? Hör auf mit diesen Beschwichtigungen, es nützt dir nichts! Mein Leid ist nicht gestillt, meine Wunde blutet noch. Meine Augen entbehren den Anblick dieses Menschen heute genau so wie zu Beginn...

Da kam mir eine Erinnerung in den Sinn, die ich festhalten will.

Als wir Ruth vor Wochen einmal vom Zug abholten, fanden wir sie im Gedränge nicht sogleich. Dann tauchte sie plötzlich auf und kam auf uns zu. «Meine Augen freuen sich, dich zu sehen», sagte ich spontan. «Warum?» fragte sie überrascht. Ich suchte nach einer Antwort und fand keine.

«Einfach...» sagte ich schließlich. Einfach, weil ich mich freute an ihrem Anblick, an ihrem Da-Sein. Wer kann sich wundern, daß ich ihr Nicht-mehr-Dasein als ungeheure Zumutung empfinde?

Es mag Egoismus, es mag Selbstmitleid sein. Sei es darum. Aber das ist es nicht allein. Da ist doch auch all die Zuneigung, die Liebe, die plötzlich ins Leere geht, die ihr greifbares Ziel verloren hat. Daß Liebe den Tod überdauert, ist ein oft gehörtes Wort. Aber Liebe, die kein Echo findet, die nirgends ankommt, wird auf sich selbst zurückgeworfen. Muß ich jemanden oder eine neue Aufgabe finden, um diesen Kräften des Herzens ein neues Ziel zu geben? Wen? Was?

Denk weiter, bleib nicht stehn bei diesen Gedanken, mahne ich mich selber:

Wenn menschliche Liebe ein Widerschein göttlicher Liebe ist, wenn ihre Quelle bei Gott selbst liegt, von ihm kommt, zu ihm geht, ja, wenn er selbst die Liebe ist, dann sind wir durch sie eingeschlossen in ein großes Ganzes, in dem Tod und Leben nur zwei Seins-Formen sind, die nahe beieinander liegen.

17. JULI

Jeden Morgen muß ich die Bürde der Trauer neu auf mich nehmen. Mit heißem Schrecken, weil Schlaf und Traum meine Welt heil sein ließen. Ignorieren Träume den Tod?

Heute morgen schlief ich nicht mehr und war doch noch nicht richtig wach, als ich schon an der Tatsache deines Todes herumkaute. Arbeitete mein Unterbewußtsein für den Tag vor? Ich erwachte richtig mit dem tröstenden Gedanken: Du bist in guter Hut. Und du bist auch noch bei uns, in uns... Sofort meldete sich dazu die Gegenstimme: Mach dir doch nichts vor, sie ist nicht mehr da! Gestaltloses Dasein ist kein Dasein.

Darauf folgte der Einbruch der Untröstlichkeit. Wo wir auch sind, auf Wanderungen, Spaziergängen, beim Baden: In jedem jungen Mädchen suche ich dich. Da eine verwandte Bewegung, dort flatterndes Haar...

Wie reizvoll war dieser Übergang von der Kindlichkeit zum Erwachsensein. Da war noch eine Spur Eckigkeit, Scheu, ein wenig kindliche Zurückhaltung. Ich sah sie noch, diese Spuren, vielleicht ich allein.

Ich möchte alle Erinnerungen festhalten wie einen Schatz. Gerade weil ich spüre, daß ich vor deinem Bild nicht stehen bleiben darf, will ich es festhalten in jedem Zug, den die Erinnerung hergibt.

«Schau auf das, was uns dieses Kind geschenkt hat, nicht auf das, was uns damit genommen wurde», sagte mein Mann heute tröstend zu mir.

In mir konterte eine zornige Stimme: Als ob eines vom andern zu trennen wäre!

18. JULI

Heute erwachte ich früh aus einem Traum. Ich mußte aufstehn und das, was mir daraus erwuchs, aufschreiben:

> Ich trete oft,
> so zwischen Tag und Traum
> tief in mich ein
> in einen weiten Raum,
> wo Bild um Bild
> all meine Lieben sind.
> Wo sich der Raum
> in Dunkelheit verliert,
> da sind die Bilder blaß,
> und blässer werden sie.
> Doch sie sind da.
> Sie waren da, schon zu Beginn,
> sie säumten meinen Weg.

Und manchmal sah ich hin.
Das hellste Bild,
das voll im Licht der Liebe hing,
bist du, mein Kind.
Und nun, wer war's,
der dies Lebendige für immer nahm?
Denn das ist wahr,
sooft ich bei mir eingetreten bin,
war manches anders,
denn hier wirkt das Leben.
Oft tat es weh,
oft wuchs mir Freude.
Und immer, immer warst Du da –
Du Geist des Lebens,
der die Wandlung wirkte,
in dessen Obhut ich die Bilder ließ.
Und nun dein Bild, mein Kind?
Es wird sich nie mehr wandeln,
und keine Liebe wird
das Licht drin neu entfachen.
Es ist so süß, dein Bild,
wie ich es selten sah,
als es in Fülle stand,
voll Leben bis zum Rand.
Ich sah es wohl,
daß Schatten darin lagen.
Doch such das Bild,
in welchem keine sind!
Hier – welche Kraft,

welch frohes Leuchten,
welch helles Licht der Liebe lag darin!
Verhalten oft und noch nicht eingestanden,
lebendig eben, voller Widerspruch.
Jetzt ist es weg.
Und weg ist auch der Widerspruch,
das Leben,
die Kraft,
die Liebe,
alles, alles Licht.
Und ich soll wirklich glauben,
daß es der Geber war,
der alles dies zurückgenommen?
Die Liebe flicht nun Kränze um dein Bild
und möcht' davor verweilen
und bleiben – nur noch da.
Du siehst mich an, mein Kind –
so weh hat mir dein Anblick nie getan.
War keine Wandlung nötig,
bist du ans Ziel gelangt?
Hat so der Herr befunden,
der dich zurück verlangt?
Muß ich das glauben lernen?
Ich kann es nicht allein.
Dein Bild wird Blumen tragen
in meinem innern Raum
in allen meinen Tagen
bis an des Lebens Saum.
Ich will dem Geist vertrauen

– was kann ich andres tun?
Wohin er dich geleitet,
da will auch ich einst ruhn.
Jetzt geh ich zu dem nächsten
der Bilder an der Wand,
und sieh, noch hat der Meister
den Griffel in der Hand.
Noch wandeln sich die Bilder,
noch waltet Leben hier...
Ich darf und will nicht weilen
allein und stets bei dir...

19. JULI

Urs ist nochmals für zwei Tage hieher gekommen.

Was für alleinstehende, bewehrte Türme können doch Menschen sein! Er kommt mir vor wie eine festummauerte Burg. Hat er seiner Trauer einen undurchdringlichen Schutz wachsen lassen? Wir vermögen einander nicht zu helfen.

Meine Reaktion auf seine zur Schau getragene Abriegelung und Abwehr war merkwürdig. Wie wenn ich sein «Rezept» als gut befunden hätte, war mir, als habe sich meine Herzenswunde mit einer dicken Watteschicht umgeben und abgedichtet.

Es ist eine Art seltsamer Stumpfheit.

Aber ich weiß bereits, wie wechselhaft meine Empfindungen sind. Einmal schreit der Schmerz in mir, einmal murrt die Auflehnung, einmal fühle ich mich getragen und getröstet von höherer Hand. Ununterbrochen sind meine Gedanken an der Arbeit...

21. JULI

Ich will dich nicht zum Engel machen, denn das warst du nicht. Du warst voll Widersprüchlichkeit. Wie kommt es, daß ich anfange, dich wie etwas Engelhaftes zu sehen? Fange ich an, dich gehen zu lassen, dorthin, wo die Engel sind?

Unsere Großen fahren heute alle wieder zurück an die Arbeit. Behüt euch Gott!

22. JULI

Ich dürfe nicht blind werden für die Menschen um mich herum, mahnte mich beim Erwachen heute morgen eine innere Stimme. Es ist wahr, meine Sinne und Gedanken drehen sich nun schon wochenlang um dich, du weggegangenes Kind.

Aber meine Hände haben aus lauter Gewohnheit das Nötige für meine Hausgenossen getan. Sicher nicht viel darüber hinaus. Ich weiß nicht, wie es anders hätte sein können. Die Trauer zehrt alle meine Kräfte auf. Wie wäre es mir ergangen, wenn ich in einem Beruf stünde, der mehr als automatische Arbeit erfordert? Das gibt es nicht in unserer Gesellschaft: Trauer-Urlaub! Sicher ist es gut, wenn das Leben einen mitnimmt. Arbeit hat ja auch eine heilsame Wirkung. Aber eine innere Schonzeit müßte jeder Mensch bekommen, wenn er in Trauer geworfen wurde. Es ist eine schwere Lebensarbeit. Mir ist sie die schwerste meines bisherigen Daseins.

Wem bei der Konfrontation mit dem Tod Trauer nicht erlaubt wird, wer sie vielleicht sich selbst nicht erlaubt, dem wird unrecht getan. Er verbaut sich selbst den Weg aus dem Dunkel der Trauer in das Licht der Freude, die schließlich daraus erwächst und zu einer tragenden Kraft des Lebens werden kann. Wenn ich mich umsehe, kann ich ohne Mühe beobachten, wie verschieden jedes Familienglied zum gleichen Geschehen steht. Mein Mann hat kaum viel Schonzeit beansprucht. Aber die Trauer durchzieht auch sein Leben, das merke ich schon. Markus hat seine Einkapselung beibehalten. Er läßt niemand in sein Inneres sehen. Wenigstens uns nicht. Vielleicht geht es seiner Freundin besser.

Esther und Elisabeth sind jung und voll dem Leben zugewandt. Der Tod der Schwester ist zweifellos ein schmerzliches Stück Lebenserfahrung für sie, das jetzt noch seine inneren Schatten wirft. Sie vermögen am ehesten meine Traurigkeit zu begreifen, auch wenn sie sie nur mehr am Rande teilen.

Urs scheint mir der Ärmste von uns allen zu sein. Aber etwas ist da, das ihm zu Hilfe kommt. Was ist es? Seine Jugend, seine persönliche Art? Ich weiß es nicht. Ich würde gerne mit ihm teilen, was mir zur Hilfe wird. Aber er entfernt sich so offensichtlich von uns, daß sich das von selbst verbietet. Ohne Worte gab er uns zu verstehen, daß seine Wunde nicht berührt werden will, daß er unsere Hilfe nicht braucht.

23. JULI

Auf unserem Abendspaziergang an diesem letzten Tage unseres Aufenthaltes hier begleitete uns das melodische Bimmeln einer kleinen Glocke. Wir folgten ihren Tönen und kamen zu einer alten grauen Kirche. Ein paar Leute, jüngere auch, aber mehr ältere, zum Teil schwarz verhüllte Gestalten, traten ein.

Ohne besonderen Entschluß gingen mein Mann und ich ihnen nach. Wir setzten uns auf die hinterste Bank der dunklen kleinen Dorfkirche. Sie war nur mit wenigen Kerzen erleuchtet.

Die Sprache, die Gesten, die Handlungen, alles hier war uns fremd. Trotzdem tat uns die stille halbe Stunde im Dämmer des steinernen Gotteshauses seltsam wohl. Es ging etwas wie Friede, der nicht von Menschen gemacht werden kann, von ihr aus, aller Fremdheit zum Trotz.

In ruhiger Vertrautheit und ohne viele Worte gingen wir nachher heim.

24. JULI

Heute, auf dem Rückweg von unsern Ferien – mein Mann und ich hatten ihn so lange wie möglich hinausgezögert – kam mir ein altes Lied in den Sinn:

Es ist ein Schnitter, heißt der Tod,
hat Gwalt vom höchsten Gott.
Bald wetzt er das Messer,
es schneidt schon viel besser,
bald wird es drein schneiden,
wir müssen's erleiden...
Hüt dich, schöns Blümelein!

Hat Gwalt vom höchsten Gott – und wir müssen's erleiden!

Ich weiß nicht, wie alt das Lied ist, das diese schmerzhafte Erfahrung der Menschen aller Zeiten in Worte faßt.

Wir haben das Lied früher oft gesungen, zusammen mit anderen Volksliedern. Mit leichtem Sinn und leichten Herzen. Wir verstanden nicht, was wir sangen.

Das verstehn nur jene, die an der Reihe sind, diese Erfahrung zu machen.

Im Laufe des Abends kamen wir daheim an. Wir hatten ein leeres, abweisendes Haus erwartet – und nun das!

Ein freundliches Licht hieß uns willkommen. Unter der offenen Haustüre stand Esther, die eigens hergefahren war, um uns zu empfangen. Sie hatte einen Kuchen gebacken und den Tisch gedeckt.

Unser Kleinmut beschämte uns.

Wie viel Grund zur Dankbarkeit haben wir doch!

29. JULI

Ich erwachte heute morgen ruhig und getrost. Ich vermochte sogar die Klage meines Mannes, die für einmal Worte gefunden hat, als wir zusammen unterwegs waren, aufzufangen und ihn zu trösten. Als wir dann heimkamen und ich deinem Bild begegnete, war's um mein eigenes Gleichgewicht wieder geschehen. Eine heiße Welle der Trauer fegte allen Gleichmut beiseite.

Über das Wasser, das uns trennt, reicht keine Brücke, kein Trost, kein Wort, keine Vorstellung, kein Glaube...

In einem Brief, der noch ungeöffnet auf meinem Tisch lag, fand ich dieses Wort: «Der im Finstern wandelt und scheint ihm kein Licht, der hoffe auf den Namen des Herrn und verlasse sich auf seinen Gott.» Diesen Vers aus Jesaja 50, 10 schrieb uns ein lieber Freund.

Meine Gedanken hielten still vor diesem mir zugeworfenen Wort. Das ist es ja, was ich oft nicht vermag, hoffen gegen allen Zweifel. Mich auf ihn zu verlassen...

Aber wohin ich mich auch wende in meiner Not, es findet sich nirgends Hilfe als nur hier: Sich verlassen auf Gott...

Da werde ich hellhörig: Nicht mein Hoffen und Glauben ist es, auf das ich mich zu verlassen habe? Ich erlebe es immer wieder neu, daß auf sie kein Verlaß ist. Sie sind zu schwach, sie vermögen keine Brücke zu bauen über das Wasser der Trauer. Auf Gott soll ich mich verlassen, auf seine Kraft. Sie vermag die Brücke zu bauen. Meine Hoffnung und mein Glaube brauchen keine Vorgabe zu leisten.

Ich erlebte diese Einsicht wie ein tiefes inneres Aufatmen, wie die Befreiung von einer Last, die mir zu schwer war. Habe ich ein Stücklein Boden unter meine Füße bekommen?

31. JULI

Plötzlich keimt neben dem Schmerz in mir etwas Neues. Etwas wie Freude. Ich wage noch nicht ganz, es so zu nennen. Kann aus so viel Leid je wieder Freude wachsen?

Ist denn dieses Leben die höchste aller Gaben, ist es solch ein Fest, daß ich dich, Kind, unbedingt dabeihaben möchte?

O ja, das Leben ist ein Fest, es ist ein hohes Gut – aber es ist auch ein Ort des Elends, des Unvermögens, des Beengtseins, des Bösen, der menschlichen Niederungen.

Es ist beides zugleich, wunderbar und schrecklich, ein großartiges Geschenk und eine ungeheure Herausforderung.

Doch der Herr über Leben und Tod ist der Herr auch jenseits unserer Grenzen. Hier stoßen wir auf unser Unvermögen, uns eine andere Welt als die unsere vorzustellen. Wenn wir es tun – es wird getan, seit es Menschen gibt, die an die Grenzen des Lebens stoßen –, begeben wir uns auf unsicheren Boden. Ich lese alles mögliche über diese Welt jenseits des Todes, was sensitive Menschen erlebt und Forscher herausgefunden haben wollen. Da wird versucht, die Grenzen zu überschreiten oder sie wenigstens durchsichtig zu machen. Es ist faszinierend. Aber als Trost taugt es nicht. Wenigstens für mich nicht.

2. August

«So klärt sich auch für uns – jeder hat diese Erfahrung schon gemacht – das Wesen eines geliebten Menschen in seiner Einzigartigkeit oft überdeutlich erst dann, wenn der Tod ihn uns genommen hat.»

«Der Tod hat den Toten von allen Schlacken und Unvollkommenheiten des irdischen Lebens gereinigt, und nun steht der Gestorbene vor uns als die Idee seiner selbst, gleichsam leuchtend, in der Reinheit des Geistes.»

Das sind zwei Lesefrüchte, die ich mir erhalten will. Aus «Der gefährdete Mensch» von Joachim Bodamer.

4. August

Was ist es, das meine Blickrichtung verändert hat? Ich kann plötzlich wieder von mir weg denken.

Wochenlang habe ich über meiner innern Wunde gebrütet und nicht über die Trauer hinaus gesehen. Jetzt ist es wieder möglich.

Ist das Hindernis auf meinem Weg kleiner geworden?

Auch das ist neu: Daß hin und wieder etwas wie Dank keimt über dein Enthobensein aus dem Hier und Jetzt mit seinen Höhen und Tiefen und all den Mühen. Du wirst Trauer nicht kennenlernen, und Angst brauchst du nie mehr zu haben.

Wenn ich in diese Richtung denken kann, ist es, als würde die Luft um mich um einen Schimmer heller.

Trauer kommt mir vor wie ein finsterer Tunnel, durch den man hindurch muß. Es fällt zwar immer wieder Licht herein, wenn man imstande ist, es zu sehen. Und ganz fern schimmert das Ende. Es gibt die Verheißung des Nachher.

Doch immer und immer wieder auch diese Rückfälle in die absolute Finsternis.

Ich lebe fast nur gegen innen.

Gottlob läßt mein Mann mir Zeit und stellt keine Forderungen. Peter und Markus sind mit sich selbst beschäftigt. Sie sind zufrieden, wenn ich meinen Teil beitrage zum Ablauf des äußeren Lebens.

Auch unsere Freunde, Verwandten und sogar die Nachbarn scheinen meine Zurückgezogenheit zu respektieren. Etwas wie Scheu trennt uns. Gelegentlich klopft jemand an unsere Türe, um fast ohne Worte zu erspüren, wie's um uns steht, ob wir mit unserem Verlust fertig geworden sind.

Ich weiß nicht, ob ich je damit fertig werde. (Und manchmal möchte ich es gar nicht!)

6. AUGUST

Nach einem Tag voll innerer und äußerer Arbeit heute abend ein Erlebnis, für das ich die Worte nur schlecht finde. Es vergeht mir unter den Händen, wenn ich es mit Worten festhalten will. Ich saß am Klavier und spielte einmal mehr leise und in Gedanken versunken das Adagio von Beethoven.

Da – wie ein Blitz, der schon vorbei ist, wenn man recht hinschauen will – das intensive Gefühl deiner Gegenwart, Kind. Mir stockte der Atem, die Finger hörten jäh auf zu spielen.

Aber es war vorbei.

Es war, als wärest du einen winzigen Augenblick da gewesen. Ich wußte nicht, daß es so etwas gibt. Aber es tat mir unsagbar wohl! Es ist mir wie ein kostbares Geschenk aus der Ewigkeit.

Was hat mir eine liebe, hellhörige Bekannte kürzlich gesagt? «Wirklichkeit ist, was wirkt!»

10. AUGUST

Heute brachte mein Mann einen Stoß neu entwickelter, vorher kaum beachteter Fotos von Ruth mit heim. Mit hungrigen Augen schaute ich sie mir an, immer und immer wieder. Plötzlich übermannte mich der Gedanke: Nur noch Bilder, nur noch Vergangenheit!

12. AUGUST

Das Gespräch mit einer langjährigen Freundin, die vor Jahren ein Kind an einer unheilbaren, langsam verlaufenden Krankheit verlor, hat mir heute gut getan. Sie erzählte mir von ihrem Weg durch die Trauer. Wir haben uns doch auch damals schon gekannt und nahmen Anteil am Tode dieses Kindes. Ohne eine Ahnung, was es für die Betroffenen bedeutet. So wird es andern mit mir ergehen.

18. AUGUST

Was für dunkle Tage!
 Fast vermag ich die Bürde meines Leids nicht mehr zu tragen.
 Wo ist all der Trost, den ich schon empfing? Wo sind alle die Trittsteine des Glaubens, die ich gefunden habe?
 Nichts ist mehr da. Nichts.
 Nur dieser brennende Schmerz, diese Sehnsucht nach dir, Kind. Sie beengt mir den Atem.
 Du bist es wert, daß ich an deinem Verlust leide. Aber so? Ich mag nicht einmal schreiben. Lesen schon gar nicht.
 Komm, Ami, wir gehen in den Wald!

24. August

Jetzt geht es mir wieder besser.

Fast kann ich selbst nicht daran glauben. So bodenlos verzweifelt war ich noch nie. Ich habe nie zu Depressionen geneigt. Doch nun habe ich sie kennengelernt.

Nun kam die Hilfe über mich wie vor Tagen die Bedrückung. Mein Mann und ich kamen von einem Ausgang heim. Ich betrat das Wohnzimmer. Das Schönste an diesem Raum ist das große Fenster, das den weiten Blick auf Land, See und Berge einrahmt.

Doch heute kam mir die Glasfläche vor wie eine riesige schwarze Wand. Kein Lichtschimmer drang hindurch.

Wie ich so hineinstarrte, geschah in ihr eine seltsame Veränderung: Die schwarze Fläche war plötzlich voller Löcher. Durch sie hindurch brach goldenes Licht, wie wenn dahinter eine Welt voller Glanz und Sonne wäre.

Ich setzte mich hin und schloß die Augen.

Doch das Bild der perforierten Wand blieb. Es prägte sich mir so deutlich ein, daß ich es nie mehr vergessen werde. Plötzlich konnte ich wieder glauben, daß hinter unserer Welt mit all ihrer Dunkelheit, ihren Schmerzen, ihrem Leid, eine andere Welt steht. Gottes Welt.

Mir ist, als hätte ich einen Blick hinter die Zeit in die Ewigkeit tun dürfen.

Meine Depression war wie fortgeblasen. Ein großes, inneres Aufatmen! Und ganz scheu: Danke für diese Hilfe!

25. August

Langsam muß ich morgens beim Erwachen nicht mehr erschrecken vor deinem Nicht-mehr-bei-uns-Sein, Kind. Ich glaube, dieses Wissen ist unterdessen bis in die letzten Fasern meines Wesens und auch in meinen Schlaf gedrungen. Ich bin wie getränkt davon.

Beim letzten Besuch erzählte mir meine Mutter, was sie in der Nacht, als ihre Mutter starb, erlebt hatte. Sie wachte im Nebenzimmer, als sie plötzlich deutlich einen Hauch oder Luftzug verspürte, der durchs Zimmer fuhr. Dann sei die Haustüre, die sie selbst verriegelt hatte, deutlich geöffnet und wieder geschlossen worden. Ihr, die sonst eher ängstlich ist, sei es ganz still und feierlich zumute gewesen. Sie sei ohne Angst an Großmutters Lager getreten und habe sich nicht gewundert, daß die Kranke im Schlaf ihren letzten Atemzug getan hatte.

In Senecas «Trostschrift für Marcia», die mir Ruths Lehrerin zugeschickt hat, rät der Philosoph der trauernden Mutter: «Denk nicht, dein Kind sei tot, denk, es sei nur fern. Tod ist nicht Tod, nur Verwandlung.»

26. August

Ein Freund schickte uns dieses herrliche Wort von F. W. Foerster: «Immer deutlicher wird uns die Gewißheit, daß die Sinnenwelt, in der wir leben, leiden und sterben, nicht die wahre und einzige Welt, sondern nur der gröbere Stoff ist, in dem sich eine höhere und reinere Welt, jenseits von Raum und Zeit, die eigentliche Urquelle unseres Seins, darstellt...»

27. AUGUST

«Nichts besitzen wir sicherer als die Vergangenheit. Sie kann uns nicht genommen werden», finde ich in Senecas Schrift. Danke, das ist ein guter Hinweis. Wir hatten fast 17 Jahre einen geliebten Menschen bei uns zu Gast. 17 Jahre Geschenk – unendlich viel – unendlich wenig. Doch in den 17 Jahren eine unbezifferbare Summe an Freude. Echte, reine Freude an diesem Kind, an seinem So-Sein, an seiner Entfaltung, seinem Gedeihen. Wir meinten, dieser Brunnen sprudle lebenslang!

«Wenn ich an Ruth denke, verwundere ich mich selbst darüber, daß ich sie als einen vollendeten, nicht erst als einen werdenden Menschen sehe», schreibt die Lehrerin.

Auch andere sagen es so.

Seltsam, das sah ich nicht auf diese Art. Für mich warst du zum Teil noch Kind, noch ganz im Werden.

28. AUGUST

Heute ein Besuch im Krankenhaus bei einem Freund unserer Kinder. Der Anblick des jungen Mannes hat uns erschüttert. Ueli nahm zur Lösung seiner Probleme den

Alkohol zu Hilfe. Der hat ihn zerstört und die Probleme zu Bergen anwachsen lassen. Es tut weh, das zu sehen. Er ist ein reichbegabter, gemütvoller Mensch, man müßte ihm helfen können.

Es tat gut, nach diesem Besuch mit Esther und ihrem Freund eine weite Wanderung durch Wälder auf einen Berg machen zu dürfen.

Wenn ich nicht ins Gespräch gezogen werde und still vor mich hin gehen kann, bin ich an meinem inneren Werk. Werde ich einmal fertig werden damit?

Du warst ein Teil unseres Lebens, Kind. Dein Dasein war greifbar, fühlbar. Man konnte dich in die Arme schließen. Nun bist du der Reichweite unserer Arme entzogen. Nicht aber der Reichweite unserer Herzen. Für sie wirst du ein Teil unseres Lebens bleiben. Nicht mehr äußerlich greifbar, sondern als innerer Besitz, der sein Gegenüber in der Ewigkeit hat und wie durch einen unsichtbaren Faden mit ihm verbunden bleibt.

29. AUGUST

«Dem Suchenden reicht der Himmel die Hand», so las ich es heute auf einem Kalenderblatt. Etwas davon spüre ich manchmal.

In unserer Nachbarschaft ist ein Mensch gestorben. Etwas weiter weg leidet eine Frau an einer unheilbaren Krankheit.

Es ist viel Tod um uns herum. Menschen leiden und sterben Tag für Tag, Stunde für Stunde. Bevor der Tod uns selber so nahe rückte, wollte ich ihm keinen Platz einräumen in meinem Leben, so wenig wie die meisten um mich herum. Jetzt, da er mir nahe gekommen ist, sehe ich ihn überall.

Mir sind die Augen aufgegangen für all das Leid, das wir uns antun aus Gedankenlosigkeit, Selbstsucht, Engstirnigkeit. Es ist müßig, darüber nachzudenken, was mehr Leid bringt, das Leben oder der Tod. Können wir etwas tun, um Leid zu verhindern? «Liebe deinen Nächsten wie dich selbst...» Damit man das kann, braucht es die Liebe zu Gott oder besser umgekehrt: Die Annahme der Liebe Gottes zu uns. Wer sich geliebt weiß, kann andere lieben...

Was für eine Lösung des Rätsels!

Ich will mich wieder mehr meinen Nächsten zuwenden.

30. AUGUST

Ich kann wieder lesen! Mein bevorzugtes Thema ist – der Tod. Ich wußte nicht, daß es so viele Autoren gibt, die sich damit beschäftigen. Viele Texte berühren mich tröstlich. Andere geben mir einen heilsamen Impuls. Viele gehen mehr den Kopf als das Herz an. Während der Verstand die Begrenztheit unseres Lebens einsieht, wehrt sich das Herz immer wieder gegen das Niewieder, Nie-mehr.

Nicht mehr so wild und verzweifelt wie am Anfang der Trauerzeit. Aber unverdrossen, sich oft gegen jede

Einsicht, jeden Zuspruch, ja, gegen jeden Trost sträubend.

Trotzdem spüre ich, daß sich in mir Änderungen anbahnen. Die Schonzeit, die ich so dringend benötigte, geht ihrem Ende zu. Das Klopfen des Lebens an meiner Tür wird dringlicher.

Aber ich bin noch nicht fertig mit meiner inneren Arbeit. Der Stein der Trauer auf meinem Wege ist zwar kleiner geworden. Aber er läßt sich nicht wegschieben. Immer noch stecke ich zwischen nein und ja.

Trauer kommt mir vor wie eine Wüstenwanderung. Gottlob gibt es Oasen!

1. SEPTEMBER

Heute ist es drei Monate her, seit das Unglück geschah. Nur drei Monate – und solch eine lange Zeit! Es war die längste und schwerste Zeit meines Lebens.

Gestern waren die beiden Töchter daheim. Auf einem langen Spaziergang mit Ami nahmen sie mich in ihre Mitte. Wir konnten reden miteinander. Und wir konnten schweigen miteinander.

3. SEPTEMBER

Ich versuche meine Tage wieder disziplinierter zu leben. Wochenlang habe ich nur getan, was sich als notwendig aufdrängte. Nun geht es mir langsam auf, was dabei alles liegen geblieben ist auf dem Schreibtisch, im Haus und im Garten. Mir bangt vor dem 5. September. Es wäre dein 17. Geburtstag, Kind. Eine Piccolo-Flöte wollten wir dir schenken. Du hattest sie dir gewünscht und wolltest sie neben der Querflöte gerne spielen lernen. Diese Flöte! Sie liegt seit deinem Weggehen auf dem Klavier und wartet auf jemand, der sie wieder zum Klingen bringt. Ich sehe sie noch an deinen Lippen...

5. SEPTEMBER

Ich habe gefürchtet, daß dein Geburtstag ein Tränentag sein werde. Und nun ist mir geholfen worden. Nicht sogleich, aber um so nachhaltiger!

Wir haben einen Lilienstrauß und eine dicke Kerze auf dein Grab gebracht, Geburtstagskind. Die Kerze lassen wir brennen, solange sie brennen will...

«Was sucht ihr den Lebendigen bei den Toten?» Dieses Engelswort an Jesu offenem Grab kam mir zu Hilfe, als mein Mann und ich dort an deinem Grabe standen. Ich gab es an ihn weiter.

Auf dem Heimweg holte er sich am Bahnhofkiosk eine Zeitung, während ich langsam weiterging. Dabei kam ich an eine Stelle, wo mich eine Erinnerung einholte.

Das war doch der Ort, wo wir damals Ruth und Urs trafen, wie sie neben Urs' erst kürzlich erworbenem Auto standen. Sie hatten eine Probefahrt gemacht und waren dabei mitten auf einem belebten Platz der Stadt stecken geblieben. Mit fremder Hilfe hatten sie das

Vehikel auf die Seite geschoben. Hier warteten sie nun darauf, abgeschleppt zu werden.

Ich stand am selben Platz wie damals, und mir war, als ob ich ihre aufgeregten und lachenden Stimmen von dem Vorfall erzählen hörte...

Unterdessen war mir mein Mann nachgekommen. Er begriff sofort, warum ich weinte.

So kamen wir heim. Ich setzte mich an den Terrassentisch und nahm Zuflucht zum Tagebuch.

Da saß ich und versuchte meinen neu aufgebrochenen Jammer in Worte zu fassen und niederzuschreiben. Das Ventil funktionierte einmal mehr, und ich wurde langsam ruhiger, gefaßter. Als sich dann mein Mann zu mir setzte, erinnerten wir uns mit wenigen Worten an das frohe Fest, das wir ein Jahr vorher an Ruths Geburtstag im Kreise der Familie und ihrer Freunde gefeiert hatten. Wer wäre auf den Gedanken gekommen, daß es ihr letzter Geburtstag sein könnte?

Noch lange saßen wir schweigend zusammen. Es ist gut, nicht allein zu sein in seiner Trauer!

6. SEPTEMBER

Auch durch Träume kann man Trost erfahren. Es ist eine seltsame Erfahrung. Wer schickt Träume? Gute Träume können nur von guten Mächten kommen!

Ich sah mich selbst liegen, wie zugedeckt unter der Last dessen, was uns diese letzten Monate brachten. Diese Herzenswunde, dieser Schmerz, diese Trauer. Ich rang nach Luft zum Atmen. Da nahm eine Hand die Last weg und legte sich schützend und federleicht auf die Wunde meines Herzens. Eine große Wärme ging von der Hand aus. Nun war die Wunde nicht mehr offen. Sie hat eine schützende Kruste bekommen. Ich sah sie, fühlte sie.

Ich erwachte und verhielt mich ganz still, um den Traum nicht zu verscheuchen. Ob seine Wirkung anhält?

8. SEPTEMBER

Es ist erstaunlich, sie hält an!

Nicht, daß ich wieder heiter zu sein vermöchte – aber ich sitze nicht mehr ganz und gar im Dunkeln. Ich vermag die Vorbereitung für unsere 14tägige Abwesenheit intensiv zu betreiben und das Nötigste zu tun.

Esther und ihr Freund Peter haben uns zur Teilnahme an ihrer Ferienfahrt nach Spanien eingeladen. Sicher, um uns aufzuheitern und uns auf andere Gedanken zu bringen. Eigentlich wollten sie auch Urs mitnehmen. Aber er hat die Einladung abgelehnt. Er kommt nur die ersten zwei Tage mit, nachher will er auf eigene Faust weiter. Ich glaube, das hat damit zu tun, daß er keine Worte findet und seinen Gedanken nicht Luft machen kann. Jedes aus unserem Kreis hat versucht, mit ihm ins Gespräch zu kommen. Ohne Erfolg. Ob man Trauer auch so bewältigen kann?

29. September

Mein Ferientagebuch quillt über von den Bildern und Eindrücken dieser Tage. Esther und Peter haben uns mit dieser Reise ein unschätzbares Geschenk gemacht, für das wir ihnen dankbar sind. Die wechselnden Landschaften zogen uns immer wieder in ihren Bann, wir konnten uns nicht sattsehen.

Und erst das Meer, dieser magische Anziehungspunkt für uns Binnenländer. Stunden und Stunden haben wir bei seinem Anblick verbracht, morgens früh, abends beim Verblassen des Tages. In südlicher Sonne haben wir das Wasser, die Wellen, den Sand genossen. Aber wir hatten auch uns selbst mitgenommen. Unsere Sinne haben die Fähigkeit, sich am Schönen zu freuen, zwar wiedergewonnen. Aber Trauer läßt sich nicht auslöschen wie der Kreidefleck auf einer Wandtafel. Sie legt einen Schleier auf alles, was einem begegnet.

Der Brauch des Kerzenanzündens in den katholischen Kirchen hat es mir angetan. In wie mancher Kirche habe ich wohl ein Licht des Gedenkens für dich entzündet, Kind? Aber ich zündete die Kerzen auch für die Lebenden an!

Diesmal war es Elisabeth, die zu unserem Empfang heimgekommen war und uns erwartete.

Auch viel anderes wartete. Das Haus, der Garten, aufgelaufene Post. Auch der Alltag – und die Lücke in unserem Leben, die kein Ferienerlebnis auszufüllen vermag.

Bei der Post lag ein Brief aus Neuseeland. Holländische Freunde, die früher ein paar Mal bei uns zu Gast waren und vor einigen Jahren dorthin ausgewandert sind, schickten Fotos und Dias, die sie damals bei uns gemacht hatten. Wir hatten die Freunde vom Tode Ruths unterrichtet, und diese Sendung ist ihr Echo darauf. Überraschende Bilder von Ruth, die wir nie gesehen hatten. Welch süßes Kinder- und Mädchengesicht! Sie strahlt auf dem einen, das Jan vergrößert hat, wie eine Blume, die voll in der Sonne steht.

Die Bilder sind ein kostbares Geschenk.

1. Oktober

Jeder Mensch ein Gedanke Gottes! Unsere Zeit durchscheinend von Ewigkeit...

Ich nehme aus der Lektüre, was ich gerade nötig habe.

7. Oktober

Gestern war ich zu Besuch bei einer alten, mütterlichen Freundin. Wir fuhren zusammen aus der Stadt hinaus und gingen durch den Wald, der sich zum letzten Fest des Jahres schmückt. Der bunte Herbststrauß, den wir uns pflückten, rief einer Reihe von Gedanken, an deren Ende mir die Worte entschlüpften: «Wie hat uns dieser Sommer so viel ärmer gemacht!» Meine Begleiterin nahm sich Zeit zu einer Entgegnung und stellte schließlich die überraschende Frage: «Nicht auch reicher?» Lange konnte ich darauf keine Antwort geben. Im Sichtbaren sind wir ärmer geworden – sind wir im Unsichtbaren reicher geworden?

«Du hast recht», sagte ich schließlich, «auch reicher. Nur – ganz wo anders!»

Es bahnt sich so viel Unheil an in unserer Welt. Wie schwer ist es, sich damit auseinanderzusetzen. Mit vielem hätte Ruth sich kaum abfinden können. «I dere Wält cha-me doch nid läbe», hatte sie manchmal gesagt angesichts von Nachrichten über Umweltschäden, Hunger und Ungerechtigkeit auf der Welt. Werde ich langsam bereit, mit der Tatsache ihres Todes nicht mehr zu hadern, vielleicht sogar dankbar zu sein dafür, daß ihr vieles erspart geblieben ist?

18. OKTOBER

Die ersten goldenen Herbstbäume haben den Tränen gerufen.

Weil du sie nicht mehr siehst... Doch siehe, jetzt vermögen sich meine Augen wieder zu freuen an diesen goldgesättigten Herbsttagen.

Aber ich weiß, wie labil Herz und Sinne sind. Ich kann fast heiter und getrost sein – und unversehens von einer Wolke von Traurigkeit überschattet werden. Einfach, weil du nicht mehr da bist...

Immer noch kommen keine Töne über meine Lippen. Wenn ich zu singen versuche, für mich oder im

Gottesdienst, so ist es, als wenn tief in mir eine Türe zuschnappte. Statt Töne kommen mir Tränen. Es ist die Kreatur in mir, die weint. Sie tut noch etwas anderes, das mich immer wieder selbst verwundert: Sie seufzt. Ohne jedes Zutun meines Bewußtseins bilden sich Seufzer in mir, die als hörbare Laute nach außen dringen. Oft erschrecke ich fast darüber.

20. OKTOBER

Meiner Lebtag habe ich mich ständig einem Übermaß an Aufgaben gegenübergesehen. In den letzten Jahrzehnten waren es der Garten, das Haus, vier Kinder und ein Stück eigene Berufsarbeit, die ich zu Hause besorgen konnte. Dazu steht mein Mann in einem anspruchsvollen Beruf, der ihn ständig in Spannung hält. Er brauchte daheim viel freien Raum und die Möglichkeit zur Entspannung.

Ein Jahr vor Ruths Unglück habe ich meine Schreibtischarbeit in andere Hände weitergegeben, um für neue Aufgaben frei zu werden. Da war allerlei im Werden. Nun hat der Einbruch des Todes mein Leben auf unerwartete Weise verändert.

Ich muß mich neu orientieren: Was ist es wert, getan zu werden, was nicht? Langsam wächst wieder ein wenig Kraft, mit der ich über mich hinauszudenken vermag.

Für eine neue Aufgabe bin ich noch nicht bereit.

28. OKTOBER

Eine ganze Woche ohne Notizen.

Wenn meine Wunde Heilung erfuhr, warum schmerzt sie dann noch so sehr?

Es war eine mühsame, dunkle Woche.

Ich komme mir vor wie ein blindes Pferd, das an eine indische Wasserpumpe gespannt ist und immer wieder dieselben Wege trampelt. Hunderte von Malen.

Es gab wieder Momente äußerster Verlorenheit, ohne den geringsten Antrieb zu irgend etwas über das Naheliegende, Gewohnte hinaus. Sogar das Ventil des Schreibens versagte. Sonst ist es mir doch vordringliches Bedürfnis.

Aber gelesen habe ich in diesen Tagen. Vielleicht ist gerade diese Lektüre an meiner Verdunkelung schuld?

Eine entfernte Verwandte brachte mir ein Buch mit dem Titel «Jenseits». Es war gewiß als Trost und Hilfe gedacht. Mir wurde es das Gegenteil. In diesem Buch wird auf faszinierend logische Art anhand biblischer Aussagen der «Ablauf» von Zeit und Ewigkeit vorgezeichnet. Darin ist Gott ein gigantischer Rechner, dem kein Jota entgeht, der alles Menschliche sieht – bis auf Herz und Nieren! – und alles in die Waagschale seiner Beurteilung legt. Die Sicherheit, mit welcher der Autor seine Aussagen macht – er fußt ja auf der Bibel als Autorität –, verschlug mir den Atem. Christus ist bei ihm nicht der, der die Botschaft von Gottes verzeihender Liebe brachte, sondern der, an dem sich alles scheidet: Angenommen – verworfen, für Zeit und Ewigkeit.

Das Buch ließ mich nicht los. Aber es erschlug mich fast. Es hat mich in undurchdringliche Dunkelheit gestürzt.

30. OKTOBER

Es ist wieder heller geworden um mich!

Mit ein wenig Distanz zu dem Buchinhalt regt sich der Widerstand. So kann es nicht sein! Meine eigene Erfahrung spricht dagegen. Gott ist kein wägender Rechner. Ist er nicht eher ein liebender Vater? Er läßt das Leid zwar zu, aber er ist mit drin im Leid und hilft immer wieder auf. Ich kann nicht daran glauben, daß seine umfassende Liebe Menschen für immer fallen läßt. Das tut kein fehlbarer menschlicher Vater, wie sollte Gott es tun? Darum ging es doch gerade in Jesu froher Botschaft.

Aber so leicht werde ich mit diesem Buch nicht fertig. Ich muß mit jemandem darüber sprechen können.

Wo wärest du dann, Kind, wenn all das stimmte, was darin steht? Mich schaudert!

10. NOVEMBER

Ruths Zimmer ist wieder bewohnt! Ueli, den wir im Krankenhaus besuchten, wird einige Zeit bei uns sein.

Er wurde aus dem Krankenhaus entlassen, aber für selbständige Schritte draußen reichen seine Kräfte noch nicht aus.

Wir verstehen uns gut. Es gibt lange, tiefe Gespräche, bei Tag und bei Nacht. Ich darf auch von dir reden, Kind. Ueli hat eine überdurchschnittliche Einfühlungsgabe. Vielleicht versteht er Trauer, weil er selber trauert, um sein Leben, um seine Kraft. Mein Mann und ich hoffen, daß wir etwas zu seiner Gesundung beitragen können.

26. NOVEMBER

Ueli ist schon wieder fort. Er will einen neuen Anfang wagen. Wir versuchten, ihn zurückzuhalten, weil wir meinen, es sei zu früh. Aber plötzlich erfaßte ihn eine große Unrast. Ich habe viel Zeit mit ihm verbracht. Die Gespräche ersetzten mir das Schreiben.

Ich bin innerlich ruhiger geworden, oft fast heiter.

Wie habe ich mich gewehrt, dich, Kind, ziehen zu lassen. Ich fürchtete, du seiest dann wirklich tot, wenn ich dich nicht mehr in voller Lebensfülle in der Erinnerung festhalte. Dabei bin ich fast, wie Lots Frau, in Erstarrung geraten. Jetzt ist mir aufgegangen, daß du gar nicht nur ein Stück unserer Vergangenheit bist, Kind. Im Gegenteil, du hast uns überholt und bist schon dort, wohin wir noch unterwegs sind.

Dieser Gedanke fiel wie ein heller Lichtstrahl auf meinen Weg. Die Erstarrung fiel von mir ab. Ich konnte die Vergangenheit loslassen. Zu denken, daß jeder Schritt uns dir näher bringt!

Manchmal spreche ich mit dir. Ich habe dir gesagt, daß ich dich nicht mehr festhalten will. Mir war, als hörte ich eine Antwort: «Mir ist es wohler, wenn du nicht mehr so schrecklich, schrecklich traurig bist!» Hörte ich das in meinem Herzen, oder entstanden die Worte in meinem Kopf?

Was macht das für einen Unterschied? Sie helfen mir, nicht mehr «so schrecklich traurig» zu sein.

Ich will versuchen, dich dort vorn, im Licht und in der Freude zu sehen.

Von diesem Licht und dieser Freude sickert oft etwas bis zu mir durch. Keine Fülle. Nur gerade genug, daß es zum Leben reicht.

Ob ich so auch durch den bevorstehenden Advent und die Weihnachtszeit getragen werde? Oft ist mir bange für diese Zeit.

3. Dezember

Wir haben heute einen Adventskranz auf Ruths Grab gelegt. Eine Kerze brennt auch bei uns.

Erst jetzt berührt es mich seltsam, daß gerade dieses Lied Ruths Lieblingslied war im letzten Advent. War es mehr die Melodie, oder waren es die Worte, die es ihr angetan haben? Mich sollen sie in dieser Zeit begleiten:

O du mein Trost, mein süßes Hoffen,
laß mich nicht länger meiner Pein.
Mein Herz und Seele sind dir offen,
o Jesu, ziehe bei mir ein...
O, daß du doch mein Herz dir machtest
zu deiner Krippe, Kindlein hehr...

Jedes Wort der drei Strophen ist schwer beladen mit Sinn. Sie münden in der Bitte: O laß mich deinen Trost gewinnen, o Jesu, ziehe bei mir ein.
Ruth hat mir mit ihrem Lieblingslied ein kostbares Erbe hinterlassen! Das wird mir Wegzehrung sein.

17. Dezember

«Es ist schön, wenn jemand auf einen wartet, wenn man heimkommt», hörte ich soeben in einem Radiotext. Das wurde am Bett eines Sterbenden ausgesprochen. Der Mann hatte dies im Laufe des Lebens oft zu seiner Frau gesagt, wenn er nach langen Wegen heimkam. Nun gab sie ihm den Satz mit in die Ewigkeit.
Auch wir haben jemand, der uns vorangegangen ist. Wartet sie auf uns?

20. Dezember

Morgen ist der kürzeste Tag des Jahres. Bei uns ist alles anders als in früheren Jahren. Für die Weihnachtstage, sonst als hohe Zeit bei uns gefeiert, sind wir bei Esther und ihrem Freund eingeladen. Bei Elisabeth werden wir den Jahreswechsel erleben.

Markus ist vor kurzem zu einem Freund gezogen. Peter wird bei seinen Eltern sein. Über die Adventszeit vor einem Jahr schrieb ich ins Tagebuch, sie sei unfeierlich bis auf den Grund verlaufen. Die jungen Leute im Hause wollten sich nicht einfangen lassen von Adventsgedanken. Kinderzeug! Nur Ruth, die Kerzenlicht so liebte, hat manchmal ein wenig stillgehalten. Dann haben wir zusammen «ihr» Lied gesungen. Und nun Advent in diesem Jahr!

28. Dezember

Das Jahr geht zur Neige. Das Jahr, in dem du uns genommen wurdest, Kind. Ich schicke dir meine Liebe nach wie eine Angel, die an der Leine hinübergeworfen wird.

Die Weihnachtstage waren voller Überraschungen. Esther und ihr Freund haben eine Tanne tief im Wald in der Nähe ihres Wohnortes zur Weihnachtstanne erkoren und mit Kerzen besteckt. Sie waren vorausgegangen und hatten sie angezündet. Ihr Lichtschein wies uns den Weg.

Darauf wurde auf der Lichtung daneben ein mächtiges Feuer entzündet und zu einer Mahlzeit gerüstet. Ich stand eine Weile ganz nah beim Lichterbaum und ging mit dir zur Krippe, Kind.

3. JANUAR

Der Raum ist voll Musik aus Mozarts «Zauberflöte». «Dein Bildnis ist bezaubernd schön», beziehe ich auf dich, Kind.

Wir hatten gute Tage bei Elisabeth und ihrem Mann. Sie halfen uns, die Stunden zu füllen und den Jahreswechsel zu überbrücken. Dem vergangenen Jahr traure ich nicht nach. Es wird bis an unser Lebensende ein Jahr des schmerzhaften Verlustes bleiben.

18. JANUAR

Ich freute mich so sehr, daß die Töchter und Markus übers Wochenende mitsamt ihren Partnern heimkamen.

Und dann ging alles schief.

Merkwürdigerweise war es Ami, der daran schuld war. Mein Mann war noch beruflich weg, und die jungen Leute wollten einen Ausflug machen. Ami hatte in ihrem Plan keinen Platz. So sah ich mich nach viel Hin und Her schließlich allein mit ihm zu Hause.

Ich saß am Fenster und weinte. Über die Schwierigkeiten mit den Lebendigen und aus Trauer um die Tote.

Da war mir wieder, als hörte ich deine Stimme, Kind.

«Mutti», sagtest du, «sei nicht so verzweifelt. Es lohnt sich nicht. Schau doch durch die Dinge hindurch!» Ich horchte der Stimme nach. Nicht mit den Ohren, sondern mit dem Herzen. Dort hatte ich sie auch gehört. «Schau durch die Dinge hindurch» – war das nicht eine Aufforderung, die nur von jenseits «der Dinge» kommen konnte? Es war, als hätte mir jemand eine Binde von den Augen genommen. Ich sah besser als zuvor, was wichtig war und was nicht.

Mir wurde wieder leichter zu Mute.

Als die Jungmannschaft zurückkam, war ich ruhig und heiter.

19. JANUAR

Heute haben wir gemeinsam zurückgedacht, mein Mann und ich. Vor einem Jahr bist du, Kind, am Morgen davongelaufen und hast uns in Angst und Sorge versetzt. Nicht der Schimmer eines Gedankens streifte uns, daß dies eine Vorübung für den Ernstfall sein könnte. Du stecktest in Schwierigkeiten, mit denen du fertig werden mußtest. Ich wünsche dich nicht in sie zurück.

Das zage Gefühl der Dankbarkeit wächst, dafür, daß du allem Erdenkummer enthoben bist.

Daß mir jetzt, nachdem auch unsere persönlichen Feste vorbei sind, so getrost zumute ist, ist mir wie ein Geschenk. Ich übe mich darin, den Rat «Schau durch die Dinge hindurch!» zu praktizieren. Die «Dinge» erleichtern uns das in keiner Weise. Im Gegenteil, sie stellen sich hin, als ob sie das Wichtigste auf Erden wären. Hat nicht schon Saint Exupéry gesagt, die «wesentlichen Dinge sind unsichtbar»?

25. Januar

«Näher, mein Gott zu dir», sangen wir heute im Gottesdienst.

Ich las die Worte mit, denn meine Kehle vermag noch immer keine Töne hervorzubringen. Ihr Inhalt wurde mir zum heißen Wunsch: «Näher, mein Gott, zu dir!» Eine Querflöte begleitete die Orgel. Ich hörte mit allen meinen Sinnen zu. Flötentöne sind mir immer wie Grüße von dir. Überhaupt, alles Schöne, das mir begegnet, teile ich mit dir. Ich glaube fast, die Luft ist mir durch dich durchsichtiger geworden.

30. Januar

Ich kann zum Alltag wieder ja sagen. Es haben sich auch schon neue Aufgaben gezeigt. Die Kraft, die ich erübrigen kann, wird gebraucht. Aber ich will Raum behalten für Wesentliches. Auch für das Hinhören auf die feinen Töne und Impulse von der andern Seite.

8. Februar

Wenn bei einer Krankheit oder nach einem Unfall menschliche Glieder amputiert werden müssen, schmerzen sie auch weiterhin, las ich heute. Die Ausstrahlung des entfernten Gliedes läßt sich auch nach dessen Wegnahme in einer besondern Art von fotografischer Aufnahme noch ausmachen. Ich glaube, ich könnte diese Feststellungen der Wissenschaft auf andere Weise an mir bestätigen. Ich habe deinen Tod, Kind – ich vermag diese beiden Wörtlein noch immer fast nicht auszusprechen oder hinzuschreiben – wie eine Amputation empfunden. Du bist äußerlich nicht mehr da. Doch meine innere Vorstellung sieht dich nach wie vor, und an Schmerzen mangelt es mir nicht.

Traurigkeit ist wie ein Meer. Immer wieder rollen neue Wellen heran.

20. Februar

Unser Leben hat sich sehr verändert, seit Ruth nicht mehr da ist. Bald wird uns auch Peter verlassen, dessen Lehrzeit vorbei ist. Markus wohnt immer noch bei seinem Freund. Das sind nur die äußeren Veränderungen. Die innern sind viel tiefgreifender.

Wir, auch mein Mann, das erweist sich in Gesprächen, sehen vieles anders als vorher. Insgesamt ist uns das Leben schmerzhafter geworden. Oder sind wir dünnhäutiger, empfindsamer?

Ich lebe wie auf zwei Ebenen. Hier – und dort. Wo ist das, «dort»? Aber die Forderungen an mich werden dringender. Wenn ich weiterleben will, muß ich ja zu ihnen sagen. Es ist, als hinge ein Gewicht an meinen Füßen, wenn ich an Vergangenes denke. Ich muß die Kraft aufbringen, vorwärts zu sehen in Richtung auf die Ewigkeit, die oft schon durchschimmert. Wenn ich es tue, wachsen Kraft und Freude. Ein seltsam hartnäckiges Beharrungsvermögen versucht mich daran zu hindern. So ist jeder Schritt vorwärts ein Kampf, für den ich mir Mut und Kraft erbitten muß.

3. MÄRZ

Das schlichte Holzkreuz auf Ruths Grab soll ersetzt werden durch einen Stein. Ich habe Mühe, mich mit diesem Gedanken zu beschäftigen. Ruth – und Grab, das will in mir einfach nicht zusammenfinden. Trotzdem muß ich es tun.

Beim Nachdenken, was ihr am besten entsprechen könnte, kam ich auf die Idee der Darstellung einer Kerzenflamme.

Mein Mann war einverstanden, dem Steinmetz diesen Vorschlag zu unterbreiten.

Heute sahen wir seine Entwürfe. Kerzenflamme – in Stein, das erscheint dem Steinmetz nicht realisierbar. Er schlägt die abgewandelte Form eines Kreuzes vor, davor eine Kerzenflamme in Metall. Mir ist dieses äußere Zeichen auf dem Grab nicht so wichtig, als daß ich für meine Idee kämpfen möchte. So erklärten wir uns einverstanden mit einem seiner Vorschläge.

8. MÄRZ

In einem Bändlein mit Gedichten um das Thema «Tod» las ich gestern nacht auch den Vers, den Ludwig Uhland für ein verstorbenes Kind verfaßt hat.

> Du kamst, du gingst mit leiser Spur,
> ein flücht'ger Gast im Erdenland.
> Woher? Wohin? Wir wissen nur:
> Aus Gottes Hand in Gottes Hand.

Heute morgen wußte ich, was wir auf den Grabstein schreiben lassen wollen. Mein Mann war sofort damit einverstanden: «Aus Gottes Hand – in Gottes Hand.»

Diese Worte sollen zwischen den beiden Jahrzahlen Ruths auf den Querbalken des Kreuzes gesetzt werden. Sie enthalten den Umriß einer Lebensgeschichte. Von Ruths Lebensgeschichte!

Es liegt auch ein Bekenntnis darin und eine Botschaft über den einzigen Trost, der dem Tode standhält.

13. MÄRZ

Steht uns eine neue Begegnung mit dem Tod bevor?

Die Lebensbasis meiner Mutter wird schmäler und schmäler.

Ich erinnere mich, daß ich schon als Kind furchtbare Angst davor hatte, meine Mutter zu verlieren. Einer Schulkameradin war das geschehen, und ich sah, wie sie darunter litt. Meine Mutter war mir, soweit ich mich zurück zu erinnern vermag, das nächste und liebste Stück Leben, neben das sich dann mein Mann und die Kinder gesellten.

Jetzt wird ihr das Leben und Atmen so schwer, daß meine Bereitschaft wächst, sie ziehen zu lassen. Der Tod hat seinen Schrecken für mich verloren. Er ist mir zum Tor in eine Welt jenseits der Dinge geworden, einer Welt, von der wir nur das eine ganz gewiß wissen: Sie ist näher, mein Gott, bei dir.

28. MÄRZ

Ich muß den Gedanken verscheuchen, der mich hartnäckig beschleicht: Frühling – ohne dich! Du bist jäh aus deinem eigenen Frühling herausgerissen worden – und ich soll mich an einem neuen Frühling freuen können?

Damit, daß ich das aufgeschrieben habe und dieser Gedanke nun schwarz auf weiß vor mir auf dem Papier steht, kann ich ihn auf seine Herkunft hin prüfen – und damit auch mit ihm fertig werden.

«Darüber sprechend, darüber schreibend, verarbeiten wir unsere Probleme. Was wir, in Worte gekleidet, ausgedrückt haben, das ist schon auf dem Wege zur Bewältigung. Das Leiden verliert durch die Sprache seine Schattenhaftigkeit. Es wird faßbar und überwindbar.»

Von wem nur ist dieser gescheite Spruch? Irgendwann habe ich ihn gefunden und abgeschrieben, leider ohne den Namen des Autors. Nur sein Inhalt schien mir wichtig. Wie wichtig, wußte ich damals sicher nicht.

In der Tasche eines selten getragenen Kleides fand ich heute ein Stück Papier. Es ist ein loses Notizblatt, das ich kurz nach Ruths Unglück, in einer innern Notsituation bekritzelt hatte. «Ich danke Gott für die Möglichkeit des Schreibens.

Wohin sollte ich sonst mit all meinen Klagen? Ich müßte eine Wüste finden, in der ich schreien könnte, schreien...»

Es hat sich bewährt, dieses Ventil. So will ich auch heute Gott dafür danken. Denn durch das Schreiben habe ich den Stein auf meinem Wege abgetragen. Langsam wird er wieder frei, und ich kann weitergehen.

Ich habe auch sonst viel zu danken. Vor allem meinem Mann, der mir mit seiner ruhigen Beständigkeit die Möglichkeit gab, das Auf und Ab des langen Weges durch die Tiefe des Leids bis zum Ende zu gehen. Für seine tragende Liebe, für alle Geduld.

Und manchen Freunden habe ich zu danken für alle die freundlich ausgestreckten Hände... Langsam kann ich auch dafür danken, daß ich unsere Jüngste in Gottes Hand wissen darf.

Danken ist wie das Atmen der Seele.

7. MAI

Ich hätte es keinem geglaubt, daß es nach dem Tode eines geliebten Nächsten und nach solcher Trauer wieder Freude geben kann. Es ist eine Freude, die tiefer reicht und anders ist als früher. Ist es mit ihr wie mit den Sternen? Sie leuchten erst, wenn es um sie dunkel ist.

Es wachsen mir auch neue Aufgaben zu, die es wert sind, angepackt zu werden. Angepackt? So recht anpacken, dazu reicht mir die Kraft noch nicht. Mein innerer Gang ist noch zögernd. Aber ich gehe!

19. MAI

Übermut und Jubel sind noch nicht am Platz.

Ich befinde mich noch immer in der Reichweite der Wellen aus dem Meer von Leid und Klage.

Dann kann es vorkommen, daß ich diesen schmerzhaften Weg durch die Auflehnung, durch Klagen und Zweifel neu gehen muß. Dann muß ich die existenzielle Frage nach dem Stehenbleiben und Zurückschauen oder dem Loslösen und Weitergehen neu bedenken... Ich habe mich zum Weitergehen entschlossen – aber vieles zieht mich zurück. Es ist ein Widerstreit von Kräften. Am Ziel, der vollen Annahme und Bejahung des Geschehenen, bin ich noch nicht angelangt.

Aber die Kraft zum Ja wächst.

Und ich war nie allein.

Eine unsichtbare Hand leitete mich und ließ mich nie liegen. Sogar dann nicht, wenn ich im Trotz liegen bleiben wollte. Sie stellte mich immer wieder auf. Sie reichte mir das Nötige an Wegzehrung durch das dunkle Tal des Leids und der Trauer. Oft durch äußere Zeichen.

Wie damals – wann war es? –, als ich tränenblind unter bedecktem Abendhimmel unterwegs war. Da riß vor mir im Westen plötzlich die Wolkenwand auf, und ein überirdisch goldener Sonnenstrahl traf mich. Ich mußte stehen bleiben vor Staunen. Rund um mich herum blieb es dunkel, nur mich hatte der Sonnenpfeil getroffen. Er verging rasch. Aber ich hatte ihn aufgenommen. Und ich nahm ihn als Zeichen. Ich habe niemand etwas davon gesagt. Die meisten würden lachen über mich. Aber mir half es in diesem Augenblick. Ich wurde nicht im Dunkeln gelassen, der Himmel schickte mir einen Strahl!

So bin ich durch dieses Jahr hindurchgekommen – und lebe!

28. MAI

Heute, beim Unterwegssein, sind folgende Sätze in mir entstanden: Was mir erwuchs aus der Begegnung mit dem Tod: Behutsamkeit, ja Zärtlichkeit, Respekt und Liebe zu allem Lebendigen. Die Begegnung mit dem Tod hat mich bis ins Innerste getroffen. Langsam wird sie mir zur Quelle des Staunens über die Geheimnisse dessen, was Leben ist. Eines davon ist sein Sterbenkönnen, seine Kraft zur Wandlung, seine Durchsichtigkeit.

1. JUNI

Auf meine herzliche Bitte hin sind mein Mann und ich heute weggefahren von daheim zu einer dreitägigen Wanderung in die Berge. Esther hat sich uns unterwegs angeschlossen. Die Wanderung soll uns den ersten Jahrestag deines Todes überbrücken helfen. Ich fürchtete mich vor einer Welle der Traurigkeit. Wie verzagt war ich – und wie wurde ich, einmal mehr! – beschämt!

Die Sonne hat uns heute nicht begleitet. Nur die Gedanken, die Erinnerung.

Wie so oft schon, haben sich die tausend und abertausend Schritte, die unsere Füße taten, als hilfreich und heilsam erwiesen. Man müßte ihre Wirkung auf Körper, Seele und Geist ergründen und beschreiben können. Ich kann es nicht. Ich durfte sie nur gründlich kennen und schätzen lernen. Im Laufe des Tages wurde mir nicht schwerer zu Mute, sondern leichter.

In Ruths Todesstunde schließlich waren wir an einem steilen Aufstieg zu einem kleinen Bergdorf, in dem wir übernachten wollten.

Da kam es zu diesem innern Gespräch mit dir, Kind. Es war, als hörtest du dir zuerst geduldig an, was ich dir zu sagen hatte. Als lächeltest du dazu und strecktest mir tröstend die Hände entgegen.

Ich erzählte dir von der Mühe, die es mich kostete, ja zu sagen dazu, daß du nicht mehr bei uns bist. Ich leerte mein Herz vor dir aus. Als ich damit zu Ende war und schwieg, hörte ich dich liebevoll, aber bestimmt sagen: «Und jetzt, Mutti, geh weiter!»

Meine Füße setzten dazu Schritt vor Schritt. Ich lauschte deinen Worten in meinem Herzen nach. «Geh weiter, Mutti...» Das ist das, was ich seither tue.

Es ist, als hätte Ruth damit das Vergangene abgeschlossen und mir den Weg in die Zukunft gewiesen.

Nachwort

Es hat 15 Jahre gedauert, bis ich diesen Bericht aufschreiben konnte. Er folgt den Tagebuchaufzeichnungen des Trauerjahres und hat darum nichts an Unmittelbarkeit eingebüßt.

Heute weiß ich, daß Trauerarbeit nichts ist, was man tut. Es ist ein Prozeß, der geschieht, innerlich und äußerlich.

Jochen Klepper sagt das Wichtigste dazu in seinem Weihnachtslied «Die Nacht ist vorgedrungen» in einer Strophe so:

> Noch manche Nacht wird fallen
> auf Menschenleid und -schuld.
> Doch wandert nun mit allen
> der Stern der Gotteshuld.
> Beglänzt von seinem Lichte,
> hält euch kein Dunkel mehr.
> Von Gottes Angesichte
> kam euch die Rettung her.

Wer seinen Weg durch die Trauer unter dem «Stern der Gotteshuld» gehen kann, der wird durch sie nicht ärmer, sondern reicher.

Ich habe diesen Bericht aufgeschrieben in der Hoffnung, daß er andern zur Hilfe werden kann, wie ich sie selbst erfahren durfte.

ELSE SCHÖNTHAL

Ein Jahr später geschrieben

Wie ein Baum unmerklich
dem Himmel entgegenwächst,
so wächst in mir leise
die Freude aufs Wiedersehn.

Die Wunde deines Verlusts
ist gnädig vernarbt,
und wie aus aufgebrochener Erde
entwuchs ihr Leben.

Das ist mir Wahrheit geworden:
Daß Gräber unwichtig
und Tod nur der Durchgang
zum Leben ist.

Inhaltsverzeichnis

Zu diesem Bericht 7

Der glückliche Unglückstag 9

Der erste Tag danach 19

Der zweite Tag danach 39

Die Zeit danach 56

Tagebucheintragungen 64

Nachwort 134

Ein Jahr später geschrieben 135